わかりやすい

野球
スコアと記録のつけ方

SCORE

宇佐美徹也 監修

成美堂出版

まえがき

スコアをつけよう！

私もプロと名の付く以上、スコアブックの由来、その他について、連日、野球体育博物館に通って調べあげた。一番驚いたのは、大正末期から昭和初期にかけて、直木松太郎さん（故人）の書かれた慶応式と、飛田穂洲さん（故人）の早稲田式が、80年経った今もなお、昔とほぼ同じ形を保っていることだ。

プロ野球は慶応式をとったが、一般的には、成美堂出版がスコアのつけ方を付したスコアブックを売り出したおかげで早稲田式が普及、現在では、95％の人が、それを支持している。

私たちが中学、高校生のころは、スコアブック持参で野球場へ通ったものだ。今思えば、誰に、どうやって、野球という複雑なスポーツを教わったのか、とんと思い当たるものがない。恐らく、野球場へ行ってスコアをとりながら、ルールを自然と覚えていったのだろう。

難解なルールに親しむためには、スコアでその経過をたどるのが、一番、手っとり早い。大体において、野球は常識で解決されるケースが多いので、自分で判断できる場合もある。わからなくなったら、すぐに聞くことだ。

以前、日本のサッカーにもプロができるというので、ある週刊誌が、あらゆるスポーツのスコアのつけ方を紹介したことがある。

「やっぱり、野球ですね。サッカーにしても、テニスにしても、ボールの行き来に関しては、ビデオにでも記録しないことには、とても経過は追えません。その点、野球は一球、一球、球の種類やコースだけでなく、打者、走者、守備の動きまで記入できる。再現ということにかけては、どんなスポーツにも負けませんね」。取材を終えた記者は、こう言って笑っていた。
そう、私たちのように、四六時中スコアを見ている者にとっては昭和11年のスコアでも、今年の真新しいスコアでも、いったん、開いた途端に、試合の中身はもちろん、球場の情景、ベンチの様子、観客のヤジまでが、手に取るようにわかる。だから、実際に見ていない試合でも見た気持ちにさせてしまうのが、スコアだ。野球スコアの発明はノーベル賞もの、といわれる所以で、他のスポーツにはない特異性を持っているといえる。
私がこの世界に飛び込んだとき、ある本で知った慶応式のつけ方をマスターしていたことが有利に働いた。
慶応式も早稲田式も、塁の位置、安打の符号など違うが、基本は一緒で大きく変わることはなく、両方にいいところもあり、悪いところもある。長所をとり、短所を切り捨てて、今は、両方ごっちゃまぜにつけている。
スコアは基本さえ覚えておけば、他人がつけたものでも簡単に理解できる。ボールの種類なども、余裕のある人はつけたらいいし、別につけなくてもいい。要は、各自それなりに工夫して、改良していくべきだ。
スコアをつけるとき、我が師、山内以九士さん（故人、初代パ・リーグ記録部長など）は、「野球は複雑なスポーツです。数字だけでは説明できないプレーもあります。できるだけ、状況を説明する書き込みをすることです」と、よく言っていた。時々、判じもののようなスコアにぶつかるが、つけた人だけがわかっていて、他の人がわからないようなことを無くすためにも、極力、注意したい。

宇佐美　徹也

CONTENTS ●目次

構成／高川武将
写真／日刊スポーツ出版社

PART 1

あの名勝負、名場面をスコアで再現！

1 スコアブックの記入法

スコアはまず「自分がわかること」が大事です。初めから詳しくつけようと完璧を目指すと、混乱をまねきます。自己流のつけ方に、少しずつ改良を加えていけばいいのです。そもそも、スコアのつけ方に絶対のルールはないのですから。

とはいっても、基本的な記入法は確立されています。日本には、大きく「一般式（早稲田式）」と「プロ野球式（慶応式）」の２つがあり、本書では、主に市販のスコアブックに用いられる「一般式」について解説していきます。ここでは、その基礎を覚えておきましょう。２つの違いについては、「プロ野球式との比較」（77ページ）を参照してください。なお、主な記号一覧は32ページにあります。

プレーボールの前に

Base1：スコアも準備が必要
―日付、球場名、天気、風向き……を記入

さあ、スコアブックを開いてみましょう。

できれば、試合開始ギリギリではなく、５分でも10分でも、時間に余裕を持ちたいものです。試合前に書き込むことがあるからです。

チーム名は当然として、年月日と球場名も必ず記入するようにしましょう〔図１〕。「いつ、どこで行われたのか」は、記録の基本です。

ここに「どういう試合なのか」も加えます。プロ野球なら

〔図１〕

〔図２〕

「日本シリーズ第３戦」とか「オールスター第１戦」とか、ペナントレースであれば「○回戦」とか、高校野球であれば「夏の甲子園・決勝」といった具合に。草野球でも、リーグ戦の何回戦か、あるいはシーズンの何試合目かなど、その試合の位置づけがわかれば、記録性はぐっと高まります。

次に、球場状態、天候・風向き、観衆の項があります。球場状態とはグラウンド・コンディションのことで、特に問題がなければ、「良好」と書きます。もし、前日の雨でぬかるんでいれば、そのむね記しておきます。天候は晴れ、曇り、あるいは小雨まじりなどを記します。風向きは球場のセンターフラッグなどを見て、矢印で書いておきます〔図２〕。風の強さを強風、微風などと加え、試合途中で風向きが変わった場合は、書き加えれば、なおいいでしょう。グラウンド状態や風は、プレーに大きく影響してきますから。審判の名前も忘れずに。球審だけでなく塁審、線審がいる場合は、名前を記入し先発メンバーの発表を待ちます。

野手の記号

Base2：ポジションを示す１～９の数字
―スコアはすべてこの数字で表す

先発メンバーは打順枠欄に１～９番まで記入します。交代選手のために、ひと枠３～５人ほど記入できるようになっています。その一番上に書きます。もし、交代が多くて書ききれなくなったら、別の用紙を用意しておき、それにメモ書きして、あとで新しいページに記入して整理すればいいです。中には、９番打者の項に予備で記入できるスタイルのものもあります〔図３〕。また、延長戦になりイニングが足りなくなった場合は、別のページから切り取って貼り付けるという手もあります。要は、臨機応変です。

守備位置（シート）は数字で表します。野手の記号は〔図４〕のようになっています。高校野球では、守備位置の番号をそのまま背番号にするのが通例です。「エースは１番」という、あれですね。打撃や進塁、守備の結果はすべてこの数字で表します。ここが野球スコアの最もいいところです。いちいち名前や背番号で付けるのは大変です。

ここで初心者の方には注意してほしいことがあります。

守備位置を表す記号は算用数字です。しかし、例えば新聞の記事やテーブルには「一ゴロ」とか「三飛」などと表記されます。数字の「１」は投手ですが漢字の「一」は「一塁手」、「３」は一塁手ですが「三」は「三塁手」のこと。つまり、文章や新聞のテーブルスコアなどに表記する場合は、漢字表記のケースが多いので、混同しないよう気をつけて下さい。もちろん、自分でわかれば構わないのですが、やはり、投手へのゴロで一塁送球アウトのケースを「投－一」と書くよりも「1－3」としたほうがスッキリします。

試合中に守備位置が変わったら、「シート」の欄に左から記入します。センターで先発した選手が→ライト→レフトと変わったら、「897」と書くわけです。途中交代は、代打（ピンチヒッター）が「ＰＨ」、代走（ピンチランナー）が「ＰＲ」、指名打者（デグジネートヒッター）は「ＤＨ」と書き、守備から入ればその守備位置を書きます。特に守備から選手の交代があったら、新しい選手がどの打順に入るかを確認するようにしましょう。必ずしも、交代選手が同じ守備位置の打順に入るとは限りません。

〔図３〕

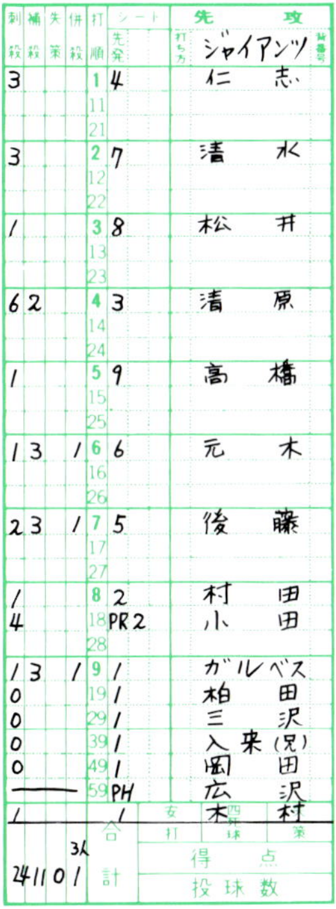

とにかく、先発メンバーを記入したら、気持ちも臨戦態勢に入れましょう。

「プレーボール！」。

球審の右手が挙がったら、時間の確認を。開始時間が事前の発表より遅れたり、早まるのはよくあることです。

〔図 4〕

❶ 投　手＝P (Pitcher)

❷ 捕　手＝C (Catcher)

❸ 一塁手＝1B (First Baseman)

❹ 二塁手＝2B (Second Baseman)

❺ 三塁手＝3B (Third Baseman)

❻ 遊撃手＝SS (Short Stop)

❼ 左翼手＝LF (Left Fielder)

❽ 中堅手＝CF (Center Fielder)

❾ 右翼手＝RF (Right Fielder)

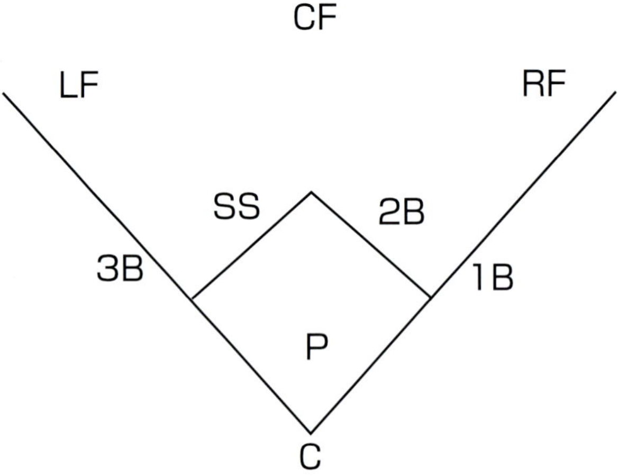

マス目の使い方

Base3：小さなマスは疑似ダイヤモンド
―得点は○(非自責点)、●(自責点)で区別する

スコアのマス目はその形からダイヤモンドを思わせます。左端か上部には、ボールカウントの欄があります。四隅の部分は、右下から左回りに、一塁、二塁、三塁、本塁です。ここに、打撃や走塁、守備の結果を記入していきます。

真ん中のひし形のスペースは、得点、アウトカウントと残塁を記入します（図5）。

得点は○。簡易的にはこれだけでもＯＫ。ただ、同じ得点でも、投手の自責点にならない失点（非自責点）か、自責点か、という違いがあります。プロ野球の公式記録員は、自責点には●かⒺ（アーンドラン＝Earned Run の略）を用いています。本書では、非自責点は○、自責点は●とします。

アウトカウントは、Ⅰ（１アウト）、Ⅱ（２アウト）、Ⅲ（３アウト）と表します。

残塁はレフトオンベース（Left on Base）の頭文字を取ってℓと記入します。

チェンジしたら、最後の打者のマス右下に // とチェックしておくことも忘れずに。

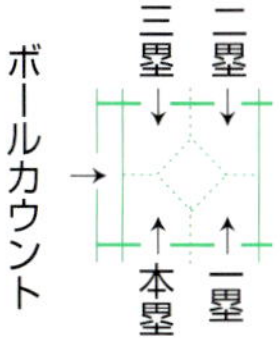

〔図５〕

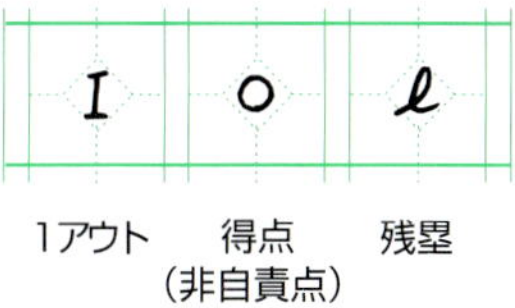

Base4：交代選手は各マスに即チェック
—波線（守備交代、代打・代走）＋番号で

選手交代があったら、すぐに波線でチェックします。

代打や守備からの交代は、その打席の左横に、波線と打順番号を付します。打順の項を見ると、1の下には11、21、2の下には12、22……となっています。この2ケタの数字が打順番号です。守備からの交代は1本波線、代打・代走の交代は2本波線として区別しておきます。

投手交代は相手打者のマス目に、横書きした波線に選手名を付します。投球間であれば、ボールカウント欄にも波線を入れ、交代の場面がわかるようにしましょう〔図6〕。

ところで、1イニングで打者一巡の猛攻、スコアが足りない！　なんて場合には、遠慮なく隣りのイニングに書き込んでいきましょう。次回以降、イニングの数字を書き直して記入していけばいいのです〔図7〕。

〔図6〕

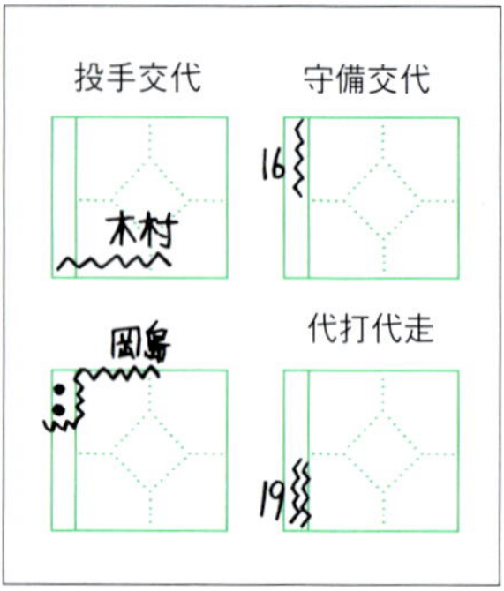

〔図7〕

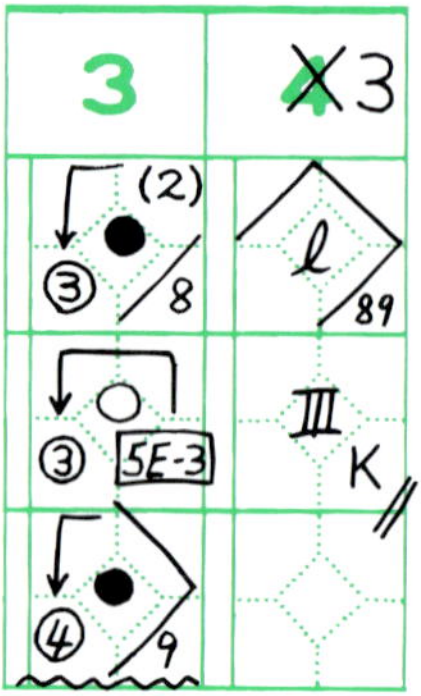

投球の記号

Base5：ボールカウントは必要なものを

—まずは、ストライク、ボール、ファウルの区別から

さあ、試合が始まりました。慣れるまでは打者の結果をつけるだけでも、十分でしょう。試合展開や個人成績はわかります。しかし、ボールカウントや配球、球種、球数がわかれば、ゲームの再現性は大幅に広がります。多くのスコアブックには、1打席ごとにボールカウントを記入する欄が縦にあります。これを利用しない手はありません。

確かに、1球1球きっちりつけていくことは、集中力のいる作業です。そこでまずは、ストライク＝○とボール＝－（あるいは●）をつけることから始めてみましょう。さらに、ファウル＝Ｖを加えれば、第一段階はＯＫです。

慣れてきたら、これだけでは物足りないでしょう。第2段階として、ストライクの分類を加えます。見逃しか、空振りか、バントによるものかを、わかるようにすればいいのです。〔表1〕には、本書で使用する記号と、参考までにプロ野球の公式記録員が用いる記号を一覧にしました。

ボールカウントの記号は、一般的にはここまでで十分でしょう。

〔表1〕

	一般	プロ
見逃しストライク	○	×
空振りストライク	⊕	×に斜線を加えた記号
ボール	－	●
ファウル	∨	△
バント空振り	⊖	×に斜線2本を加えた記号
バントファウル	中に点のある∨	中に点のある△

Base6：球種とコースは工夫次第
—なるべく簡単な記号でつけよう

「ボールカウント別の投球パターンをつかみたい」とか、「凡打しやすいボールは何なのか知りたい」など……とにかく、もっと専門的につけたいのであれば、球種とコースが必要になってきます。

球種は、たとえば、表2のように決めておきます。

ただ、球種はあまり多すぎると混乱してしまいます。最初のうちは「直球系」と「変化球系」の2種類にするとか、または直球と変化球を「スライダー系（横の変化）」と「フォーク系（縦の変化）」とにわけ3種類にする程度でもいいのです。それだけでも、かなり詳しい投球内容になります。

コースは、高め○、低め○、内角○、外角○を基本として、外角高め○、内角低め○とします。これらを複合すれば、ほとんどの球種とコースを把握することができます。さらに、余裕があれば、ファウルの方向も加えたいものです。

〔表2〕

ストレート	○
カーブ	⊙
シュート	⊖
スライダー	⊘
フォーク	
他の変化球	

「もう少し内側に飛んでいれば逆転打になった三塁線の打球」とか「タイミングは合ってるのに球威に押され後方へのファウルが続いた」とか……後々、スコアを振り返ったときの面白みは倍増します。三塁側は 、一塁側は 、バックネット側は  としてみてはどうでしょう。

ここに示す投球記号はあくまで一例です。何度も言うようですが、スコアは、基本的なつけ方以外はまず自分がわかればいいのです。本書では一応、統一しますが、公式の記号はありません。また、プロ野球の公式記録員が用いている記号一覧も付しました。これらを参考に、自分に必要なものを、一番わかりやすい記号で記入すればいいのです。

投球をより詳しくつける“９分割スタイル”

プロ野球のスコアラーや、アマチュア野球でもレベルの高いところでは、図のようなスコアカードを使用しています。ストライクゾーンを９つにわけて、１球目から球種とコースを克明に記していきます。どんな配球で結果はどうだったのか、一目瞭然です。考案者をたどると、戦前戦後にかけて、慶応大－大塚産業－松竹ロビンス－中日ドラゴンズで投手として活躍した大島信雄氏で、現役を引退し評論家となっていた1958年（昭和33）に独自の「大島スタイル」のスコアブックを作製したとき、作ったものです。ビジュアル的にも非常にわかりやすいことが、野球の専門家だけでなく、メディアで重宝がられている理由でしょう。

初球外角スライダー。２球目内角低めシュート。３球目外角高めのカーブ（ボール）。４球目真ん中低めのストレートをファウル。５球目真ん中高めのカーブを左中間二塁打。（ゾーンは捕手側から見たもの）

〔図８〕

第１打席

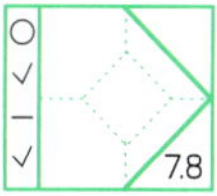

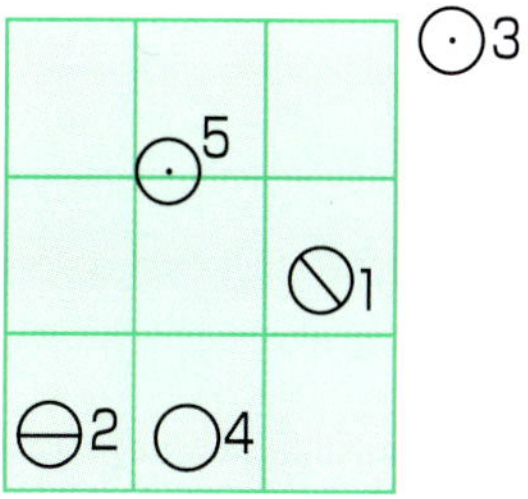

打撃に関する記号

Base7：打撃結果の公式
―ポジション＋打球の種類＋打球の方向

さて、いよいよ本格的にスコアを記入していきます。

打撃結果を表すには、凡打であってもヒットであっても、次の３要素の組み合わせで記入します。

①打球を捕った守備位置の数字（送球したらその位置も）

②打球の種類の記号（ゴロかフライかライナーか）

③打球の方向（打球が飛んだ守備位置の前か、左寄りか、右寄りかなども）

ヒットの場合は、これに単打か二塁打かといったことを直線で示します。

初めのうちは、①と②を正確につけておけば十分です。例えば、三塁ゴロで一塁アウトなら5－3、中飛なら8、左翼前にライナーで達したヒット（単打）なら／7、左中間二塁打なら＞78となります〔図９〕。

記入する位置はアウトになったベースのマスですが、記者の中には中央に書いてアウトカウントを省く人もいます。

〔図９〕

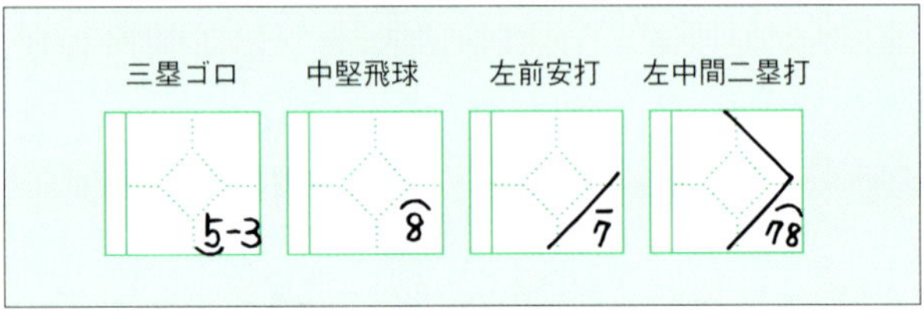

慣れてきたら、③を加えてみましょう。

打球方向は、基本的に「・」で示します。

例えば、三塁ゴロでも、三遊間寄りの当たりなら5・－3、三塁前なら5－3、三塁線なら・5－3となります〔図10〕。これが一塁ゴロなら、一、二塁間寄りなら・が左になり、一塁線なら右にくるわけですね。「・」の位置で打球方向を表すのは、ヒットの場合も同じです。

〔図10〕

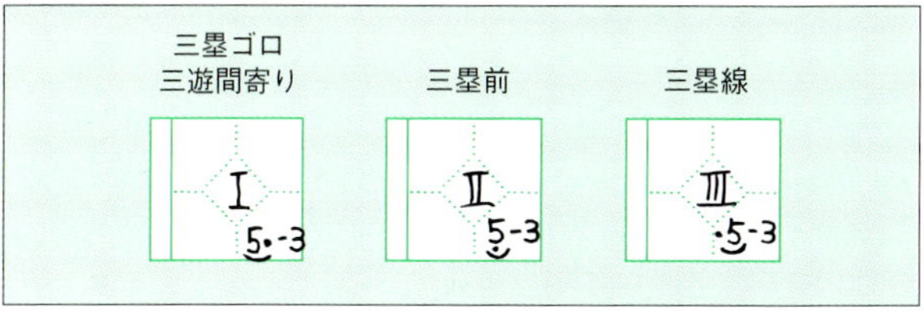

Base8：ボールの移動を明確に
—送球は－で、関係した野手は・でつなぐ

アウトのケースから見ていきます。打球の種類は、主に、ゴロ、フライ、ライナーです。

ゴロの記号は◡です。

例えば、三塁ゴロで一塁アウトなら5。ていねいに書けば、5－3です。こうして送球順序を「－」でつないで表せば、「補殺－刺殺」が一目でわかり、あとで刺殺数や補殺数を計算する際に便利です。もし、三塁ゴロで一塁走者が二塁封殺された場合は、5－4となり、併殺が完成した場合には、

5 − 4
(5) 4 − 3 } D. P. となるわけです。

三塁ゴロを打った打者の5を（　）でとじたのは、補殺に数えないことを意味します。

では、捕球した野手がそのままベースに入ってアウトにした場合は、どう書けばいいのでしょう。例えば、一塁ゴロを捕った一塁手がそのまま一塁ベースを踏む、というケースはよくあるもの。その場合は、3 − 3でも構いませんが、3 Aと書くことができます。

Aは一塁ベースを表し、Bは二塁、Cは三塁、Hは本塁となっています。

このアルファベットは、原則的には、本来の守備位置ではない選手が触塁したケースに用いられます。例えば、投前バントで一塁ベースカバーに入った二塁手にボールが渡った場合は、1 − 4 Aとなるわけです。

また、一度弾いた打球を別の野手がカバーしてアウトにするといった特殊なケースも出てきます。例えば、投ゴロを投手が弾き二塁手が捕って一塁送球アウトにした場合（投触二ゴロ）は、1・4 − 3とします。ボールに触れた野手は、基本的にすべて「・」でつなぎます〔図11〕。

〔図11〕

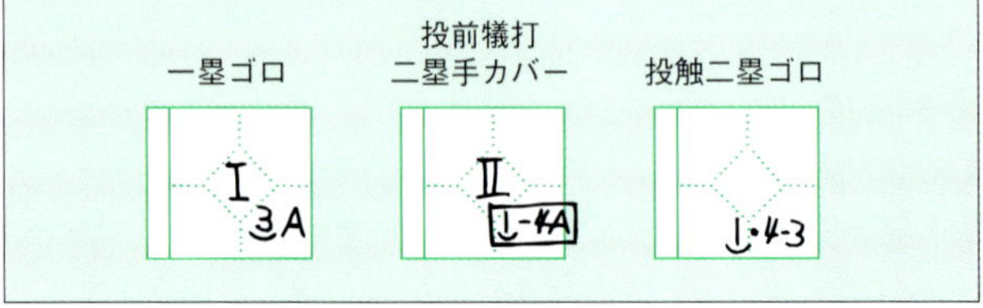

Base9：犠打、犠飛は打数に数えない
―犠打は□で、犠飛は△で囲む

フライの記号は⌒、ライナーは￣です。

例えば、右翼フライ（飛球）なら$\overset{\frown}{9}$、三塁ライナー（直球）なら$\overline{5}$となります。ただし、フライをF、ライナーをLとして、F９、L５と表すこともあります。

では、ファウルフライ（邪飛）はどうなるでしょう。

基本的にはFを加えるか、◇を加えます。右邪飛なら、F$\overset{\frown}{9}$か、$\overset{\frown}{9}$◇となるわけです。フライをFで記入した場合は、FF９となります〔図12〕。

犠打や犠飛は、打数に数えません。スコアの記入上も、一目でわかるように、普通のゴロやフライでアウトになったケースと区別しておく必要があります。

基本的には、どちらも線で囲みます。あとでスコアを見たときに、打数に入らないことがわかります。

犠打は通常、□で囲みます。例えば、三塁前の送りバントなら、[5－3]となります。また、バントが失敗に終わった場合は、単なるゴロやフライの凡打と区別するために、BH（バントヒッティング）と加えておきます。

犠飛の場合は△で囲む

〔図12〕

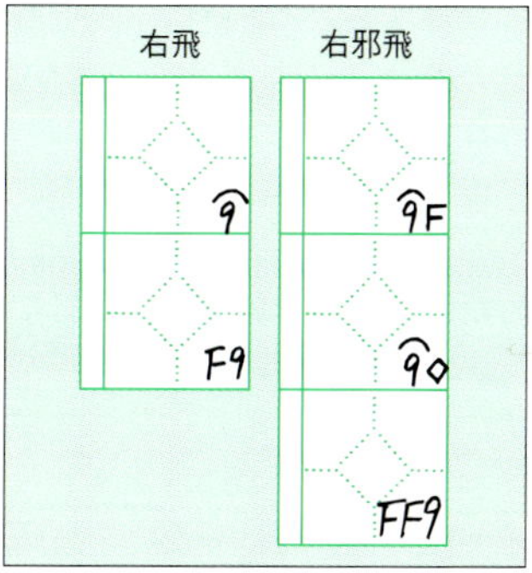

と、犠打との区別ができます。例えば、レフトへの犠飛だったら、△7となるわけです〔図13〕。

ちなみに、内野フライでは、たとえ三塁走者が生還したとしても、犠飛になりませんが、内野手が外野の守備範囲で捕球した場合は、犠飛になります。

〔図13〕

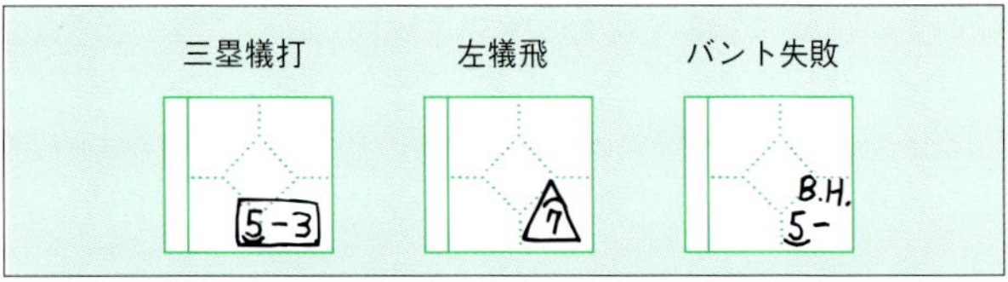

Base10：いろいろなヒットがある
—直線＋“3要素”で具体的に

安打の場合は、“3要素（打球の位置、種類、方向）”に、単打から本塁打までの区別を、直線で加えればいいのです。

単打は／、二塁打は＞、三塁打は◇、本塁打は◇です。また、内野安打は／となります。それがバントヒットならば、ＢＨを加えます〔図14〕。

最初のうちは、例えば右翼に飛んだ打球なら、／9と書いておくだけでもいいでしょう。

ただ、同じ右翼方向の安打でも、いろいろなケースがあります。①右翼線、②右前、③右中間、④右越、⑤一、二塁間突破などです。それぞれ性質が異なり、それによって、その後の守備や走者の進塁が変わってきます。ゴロ、フライ、ライナーの区別だけでなく、打球方向「・」を加えたいものです。これが、自然に記入できるようになれば、かなりの“上級者”です〔図15〕。

〔図14〕

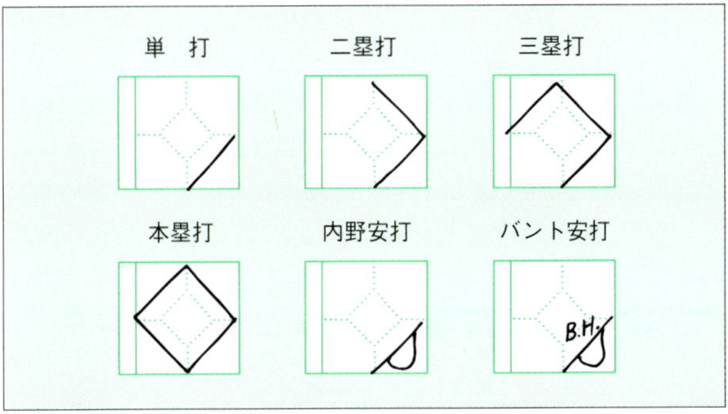

〔図15〕

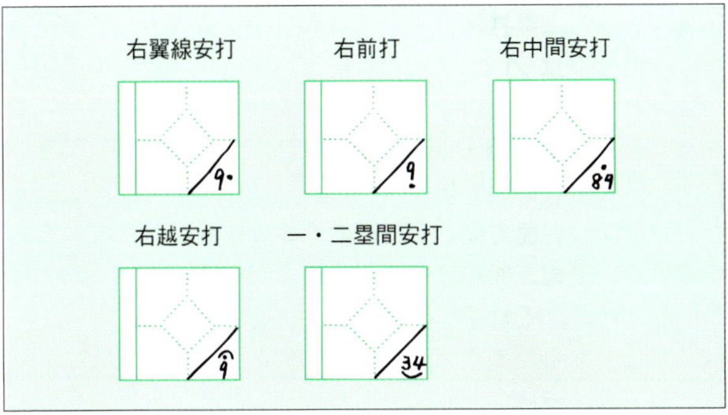

Base11：三振＝Kだけじゃない
—見逃し、空振り、振り逃げのパターン

三振はKかＳＯ（Struk Out）が用いられます。

プロの公式記録員は、通常、ＳＯで示し、捕手が投球を捕り損ねて打者にタッチするか、一塁送球してアウトにしたときはKを用いています。

しかし、バッタバッタと三振を奪う投手を「ドクターK」と呼ぶように、一般的に三振と言えばKでしょう。本書では三振はKで統一します。

もちろん、空振りと見逃しは区別したいので、空振りをK、見逃しをK°とすることにします。これも、独自の記号を考案しても構いません。例えば、空振りはKeとするとか、○で囲むとか、方法はいろいろあるでしょう。

三振振り逃げも、試合の中では意外と多いものです。

通常、振り逃げの場合、暴投（ＷＰ）か補逸（ＰＢ）が記録されます。本書では、それによって、Ｋｗか、Ｋｐで統一します。ただ、野球記者の中にはKを逆さまに書く人もいますし、自分でわかりやすい記号を用いてもいいのです。

また、三振の最後のボールを捕手が後逸して、打者は一塁へ走ったが、捕手から一塁へ送球されてアウトになる、というケースもあります。振り逃げを狙ったけれども、ダメだった場合ですね。そんなときはK_{2-3}と書きます。２－３という送球順序が、補殺－刺殺を表します。なお、タッチアウトにはTo.をつけると、よりわかりやすくなります〔図16〕。

〔図16〕 三振のいろいろ

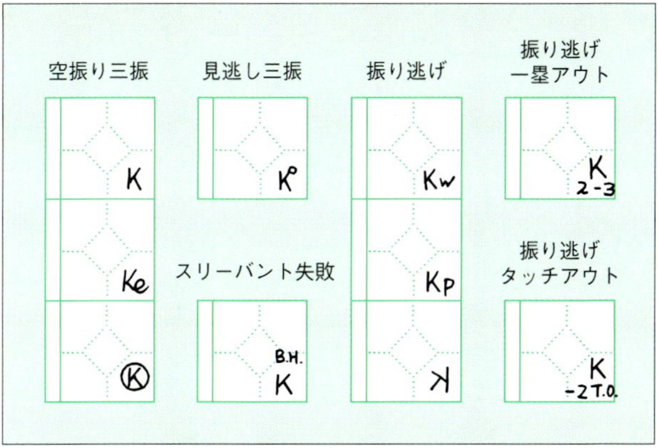

Base12：誰が失策を犯したのか
—失策はEをつける位置で区別する

失策の記号はエラー（Error）の頭文字のEです。

これもいくつかのケースがあります。例えば、遊ゴロを遊撃手がトンネル、またはファンブルして一塁送球できなかった場合は、６Ｅ。遊ゴロを一塁へ悪送球した場合は、６Ｅ－３。遊ゴロを一塁送球したが一塁手が取りそこねて失策が記録された場合は、６－３Ｅ、という具合です〔図17〕。

〔図17〕 遊ゴロの失策

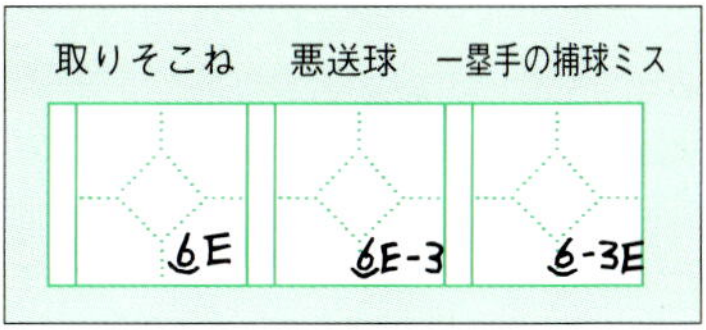

Base13：英語の簡略化あれこれ
―B、DB、FC、IF、IPって何？

四球はB（またはBB）です。フォアボールというのは日本独自の野球用語で、正式にはベース・オン・ボールズ（Base on Balls）と言います。故意四球（敬遠）は、インテンショナル・ベース・オン・ボールズ（Intentional Base on Balls）で、頭文字を取ったIBとするか、または☆Bとします。

死球はDB（デッドボール＝Dead Ball）です。正式にはヒット・バイ・ピッチ（Hit by Picth）と言い、死球をデッドボールと言うのも日本独自です。

野手選択はFC（フィルダースチョイス＝Fielder's Choice）です。三塁ゴロなら5FC（またはFC5）となります。

打撃妨害による出塁は、IF（インターフェア＝Interference）です。捕手の打撃妨害による出塁なら、IF2（または2IF）として、スコアブックの捕手の妨害の項にも記入しておきます。この場合、野手には失策が記録されます。

守備妨害は、IP（イリーガルプレー＝Illegal Play）です。例えば、一塁走者が打者の一、二塁間のゴロに当たりアウトになった場合は、IP－4となります（二塁手に刺殺）。また、簡易的に、打者が自分の打球に当たった場合はX、走者が他の打者の打球に当たった場合はYを用いる方法もあります。

IPは、規則違反の行為でアウトになった場合に用いられます。走者追い越しアウトの場合も、IPで表記します。例えば、一塁ベース付近で前走者を追い越したら、IP－3Aとなります（一塁手に刺殺）〔図18〕。

〔図18〕

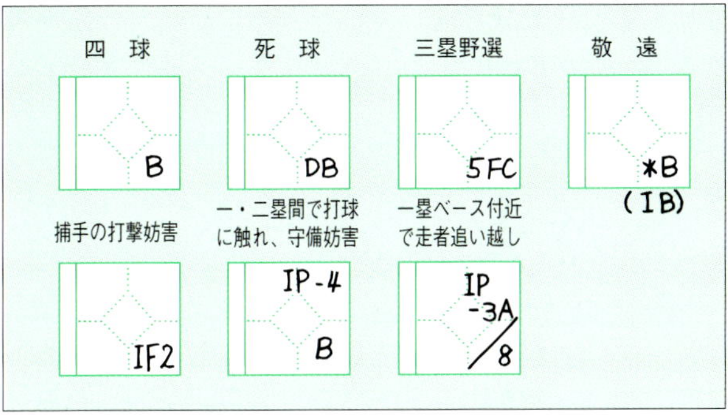

走塁に関する記号

Base14：プレーと投球を〝で関連づける

―盗塁S、暴投WP、捕逸PB、ボークBKなど

盗塁はS（スティール＝Steal）です。

Sと記入するだけでも、「誰が盗塁したか」はわかりますが、「いつ盗塁したのか」はわかりません。それには2つの方法があります。

1つは、打順を（　）数字で加えておくことで、「打者が誰のとき盗塁したか」がわかる簡単な方法です。

もう1つは、〝で投球と関連付けること。これなら、「打者が誰の何球目に盗塁したか」が明白です。例えば、打者の2球目に盗塁成功したら、打者の2球目の横に〝、走者のマスにS〝と記入。1イニングに複数の盗塁が成功したり、盗塁死があった場合は、〝の数を、〝〝、〝〝〝、と増やしていくことで対応します。
重盗、三重盗の場合は、｝でつないで、ＤＳ（ダブルスチール＝Double Steal）、ＴＳ（トリプルスチール＝Tripple Steal）と記入しておきます。
また、盗塁死は、内野ゴロと同じように補殺－刺殺のポジションで表します。例えば、一塁走者が二盗を試みたが、捕手－遊撃手と送球されアウトになった場合は、２－６。二塁カバーに入ったのが二塁手なら２－４、となるわけです。
この場合も「いつ（誰の何球目に）盗塁死したのか」がわかるよう、投球と関連づけておきます。打者の投球の❜、❞に対して、走者には（　）、《　》で対応させます。例えば、１つ目の盗塁死が２－６でアウトなら（２－６）、２つ目の盗塁死が２－４なら《２－４》とし、それぞれ打者の投球の横に❜、❞と付けます。
けん制死の場合は、けん制した投球間に〉とつけてプレーと対応させます。例えば、２球目と３球目の間に一塁けん制アウトにしたら、走者のマスに（１－３）、打者の投球欄の２球目と３球目の間に〉と書きます。
ちなみに、けん制で走者がアウトになった場合でも、盗塁死となる場合があります。日本の規約では、「走者が一旦、先の塁に向かえば、盗塁死」、「走者が戻れば、けん制死」という決まりになっているのです。例えば、投手の一塁けん制球で誘い出された一塁走者が、一、二塁間で挟まれアウトになったようなケースは、盗塁死になります。
暴投はＷＰ（ワイルドピッチ＝Wild Pitch）、捕逸はＰＢ（パスボール＝Passed Ball）、ボークはＢＫ（ボーク＝Balk）となります。いずれも盗塁同様❜で投球欄と関連付けておけ

〔図19〕

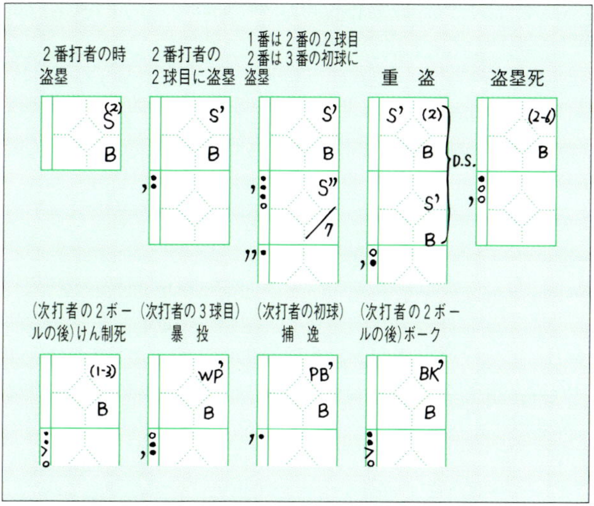

ば、「いつ起きたのか」がハッキリします〔図19〕。

Base15：進塁は誰の行為で進んだか
—打順を（　）数字で記入する

進塁に関しては、まず、「打者が誰の行為のときに進んだのか」を明確にする必要があります。例えば、四球で出塁した1番打者が2番打者の送りバントで二進し、3番打者の二ゴロの間に三進、さらに4番打者の中前打でホームインとなれば、それぞれの進塁先に（2）、（3）、④と書き入れます。その際、単なる進塁は（　）数字ですが、その打者に打点があった場合には、○囲み数字とします〔図20、次ページ〕。

Base16：連続プレーは－でつなぐ
—生きれば－、死ねば→

本書では、進塁に関して、次のように決めておきます。

1つの連続したプレーの進塁は、元の塁と進んだ塁を－（線）でつなぎ、進塁の原因行為のあった打順を数字で入れます。例えば、一塁走者が2番打者の右前打で三進した場合は、一塁と三塁のマスを線でつなぎ、三塁のマスに（2）と書きます。結果的にアウトになった場合は、→（矢印）でつなぎ、三塁のマスに補殺－刺殺の送球順序を書きます〔図21〕。

また、送球間の進塁の場合は、送球順序を記入し、補殺－刺殺と区別するため（　）でとじます。例えば、センターの本塁返球間に進塁した場合は（8－2）となります〔図22〕。

〔図20〕　〔図21〕　〔図22〕

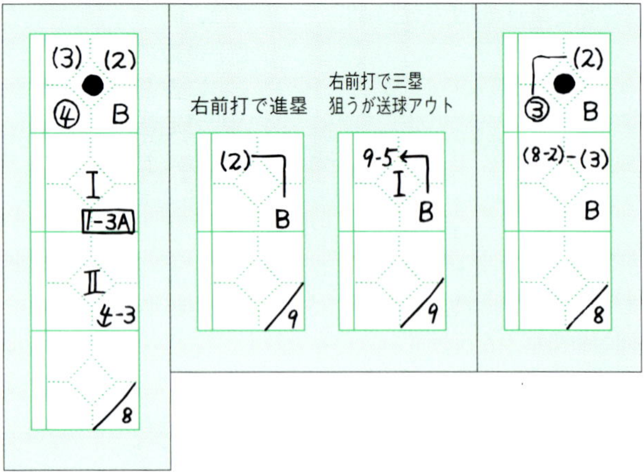

Base17：挟撃プレーは目を離すな
―関係した野手を順番につなぐ

挟撃プレーとなった場合は、アウトでもセーフでも、関係した野手の番号を・でつなぎ、最後の送球をした野手間を－でつなぐようにします。また、もし、失策で走者を生かした場合には、わかるようにしておきます。例えば、三本間に挟まれた走者が、捕手－三塁手－投手－遊撃手とボールがわたり、投手の悪送球で本塁に帰ったら2・5・1Ｅ－6となります。

また、挟撃プレーでは、同じ野手がボールを何回も往復させるケースがありますが、仮に、何度かボールに触れても、記録上、補殺は1回しかつきません。記入する際には、直接スコアカードに書くのではなく、野手の動きを目で追って別の紙に書き留めておき、それをスコアに書き写すようにすればいいでしょう。例えば、一、二塁間で走者が挟まれ、捕手から遊撃手、一塁手に球がわたり、さらにまた遊撃手にわたり、二塁手を経て一塁手がタッチアウトした場合は、2・6・3（6）4－3Ａと表記します〔図23〕。

〔図23〕

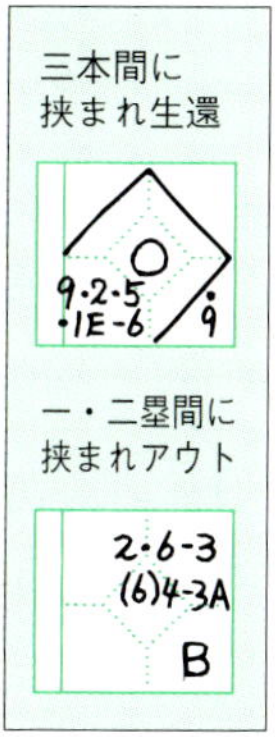

記入法の原則は以上です。

基本的には、以下の3点がわかればいいのです。

⑴ボールの動き
⑵選手の動き
⑶行為のつながり（進塁した原因など）

出塁

- /8 中前安打
- /5.6 三遊間突破
- /⑥ 遊撃内野安打
- BH /⑤ 三塁バント安打
- >78 左中間二塁打
- ^9. 右翼線三塁打
- ◇8 中越本塁打
- B 四球
- *B 敬遠
- DB 死球
- FC 野選
- 5E 三ゴロ失策
- 5E-3 三ゴロ悪送球
- 2E 捕飛失策
- Kw、Kp 三振振り逃げ

アウト

- 8 中堅フライ
- F9 右翼ファウルフライ
- 4 二塁ライナー
- 6-3 遊ゴロ(一塁アウト)
- 3A 一ゴロ
- 1-3 投前犠打
- 7 左犠飛
- K° 三振(見逃し)
- K 三振(空振り)
- K 2-3 三振捕球ミスで一塁へ走るが、アウト

その他

S	盗塁	IP	違反行為
CS	盗塁刺	ℓ	残塁
WP	暴投	●	得点(自責点)
PB	捕逸	○	得点(非自責)
IF	妨害	I, II, III	アウトカウント

2000年 3月 29日	試合開始 19時 06分	球場状態		シカゴ カブス 対 ニューヨーク メッツ	主審	マーシュ	線審 ㊧	放送者
	試合終了 22時 32分	天候・風向			塁審	① ヘルナンデス ② フォスター ③ カルパ	㊨	記録者
〔球場〕東京ドーム	所要時間 3時間 26分	観衆	55,000					

刺殺	補殺	失策	併殺	打順	シート 先発	打ち方	先攻 カブス	背番号	1	2	3	4	5	6	7	8	9	10	11	12	13
			/	1	4		E.ヤング		S' ② B		II 6-3	III (4)2-3 //		II 2F		I 8					
				11																	
				21																	
				2	8		ビュフォード		(4)(3) ℓ/7		(4)(3) ℓ B		(5)(4) ⑥ /9	ℓ B		II 5-3					
				12																	
				22										~~クック							
			/	3	3		グレース		I 6-4 DB D.P.		ℓ(4) B	D.P.	I 9	III 8 //		③ 9					
				13																	
				23																	
				4	9		ソーサ		II (6)4-3		ℓ B		(6) ℓ(5) B		⑥ /8	(5)↓ III 9-2 /.5					
				14																	
				24																	
		X		5	7		ロドリゲス		III 8 //		III 6 //		ℓ(6) B		I K						
				15	7		ブロック								15	ℓ /9 // ~~J.フランコ					
				25																	
				6	5		アンドルーズ			I 6-6 T.O B	H.R	(7) II 1-2 /9	II 5-4 B D.P.		⑥ 9		I K				
				16																	
				26																	
			/	7	6		ニエベス			II (6)6-3 D.P.		ℓ WP' /9	III (5)4-3 // ~~ウェンデル		II 6-3		II K				
				17	6		ヒューソン														
				27																	
				8	2		ジラルディ			III 6 //		ℓ B		ℓ(9) /8	ℓ /9.		ℓ /①				
				18																	
				28																	
				9	1		リーバー				I 8	I K		I 3A	III K //		29 III 1-3 //				
				19	1		ウィリアムズ														
				29	PH		リニアク														
				39	1		アギュレラ														
				49																	
				59																	

合計	1	2	3	4	5	6	7	8	9	10	11	12	13
安打 四死球 失策	1 2 0	0 1 0	0 3 0	2 1 0	1 3 0	1 1 0	3 0 0	3 0 0	1 0 0				
得点	1	0	0	0	1	0	2	1	0				
投球数													

打者	打席数	打数	得点	単打	二塁打	三塁打	本塁打	塁打数	得点打	盗塁	盗塁刺	犠打	犠飛	四死球	三振	残塁
E.ヤング	5	✕	/					0		/				/		
ビュフォード	5	✕	/	X				2	/					X		✕
グレース	5	✕	/				/	4	/					X		/
ソーサ	5	✕	/	/	/			3						X		X
ロドリゲス	4	✕												/	/	/
ブロック	1	/		/												/
アンドルーズ	5	✕	/	/			/	5	✕					X	/	
ニエベス	5	✕/		/				1							/	/
ヒューソン	0															
ジラルディ	5	✕		✕				3						/		✕
リーバー	4	✕										/			X	
ウィリアムズ	0															
リニアク	1	/														
合計	45	33	5	9	1	0	2	18	5	1	0	1	0	11	5	13

投手	氏名	勝負	セーブ	投球回数	打者	打数	投球数	安打	本塁打	犠打	犠飛	四球	死球	三振	暴投	ボーク	失点	自責点
先発	リーバー	○		7 /3	29		116	5	0	1	1	2	0	2	0	0	1	1
2	ウィリアムズ			1 /3	5		22	1	1	0	0	1	0	0	0	0	2	2
3	アギュレラ		□	1 /3	4		16	1	0	0	0	0	0	2	0	0	0	0
4				/3														
5				/3														
6				/3														

捕手 氏名	逸球	打撃妨害	許盗塁	盗塁刺
ジラルディ				

長打 氏名	二塁打	三塁打	本塁打
			アンドルーズ(7回 クック) グレース(8回ロドリゲス)

チーム名	(監督名)	1	2	3	4	5	6	7	8	9	10	11	12	13	合計
カブス	ベイラー	1	0	0	0	1	0	2	1	0					5
メッツ	バレンタイン	0	0	1	0	0	0	0	2	0					3

記事：米大リーグ史上初の日本での公式戦であり、開幕ゲームをカブスが飾った。7回、ソーサの安打、アンドルーズの2ランで

No.

刺殺	補殺	失策	併殺	打順	先発	後攻 メッツ	1	2	3	4	5	6	7	8	9	10	11	12	13	打席数	打数	得点	単打	二塁打	三塁打	本塁打	塁打数	得点打	盗塁	盗塁刺	犠打	犠飛	四死球	三振	残塁
				1	7	ヘンダーソン	I 7F		l/7		I 9		l B		II K					5	※		/				/						/	/	X
				2	8	ハミルトン	II 1-3		II △7		II 4-3		III 7 //		(22) II K //					4	※							/				/			
				12	1	ロドリゲス														0															
				22	3	M.フランコ							ウィリアムズ							1	/													/	
			X	3	4	アルフォンゾ	l 7.8		III K //		l 5E-3			④ B						4	※	/		/			2						/	/	X
			/	4	2	ピアザ	III 5-3 //			(7)(6) l/7	III 4 //			④ 9						4	※	/	/			/	5	X							/
			/	5	5	ベンチュラ		I 4-3		I 8		I 9		I 3A						4	※														
				6	9	ベル		II 4		(8) l/9		II 6-3		II 3A						4	※		/				/								/
			※	7	3	ジール		III K //		II 8		III 6-3 //		III 1-4-3 //	アギュレラ					4	※													/	
				17	1	J.フランコ														0															
			/	8	6	オルドネス			(1)(9) ● ② /7	l B			I 4-6 5E D.P.		I 8					4	※	/	/				/						/		/
			/	9	1	ハンプトン			I 2-4	III 3A //			P.H 39							2	/										/				
				19	1	ウェンデル														0															
				29	1	クック							II (4)6-3 D.P.		l/9					0															
				39	PH8	ナナリー														2	X		/				/								/

合計	1	2	3	4	5	6	7	8	9	10	11	12	13
安・四死球・失策	1 0 0	0 0 0	2 0 0	2 1 0	0 0 1	0 0 0	0 1 1	1 1 0	1 0 0				
得点	0	0	1	0	0	0	0	2	0				
投球数													

打席数	打数	得点	単打	二塁打	三塁打	本塁打	塁打数	得点打	盗塁	盗塁刺	犠打	犠飛	四死球	三振	残塁
38	33	3	5	1	0	1	9	3	0	0	1	1	3	4	8

投手	氏名	勝負	セーブ	投球回数	打者	打数	投球数	安打	本塁打	犠打	犠飛	四球	死球	三振	暴投	ボーク	失点	自責点
先発	ハンプトン	●		5 /3	25		102	4	0	0	0	9	1	1	1	0	2	2
2	ウェンデル			2/3	4		18	1	0	1	0	1	0	0	0	0	0	0
3	クック			1 1/3	7		28	3	1	0	0	0	0	2	0	0	2	2
4	ロドリゲス			1 /3	5		26	3	1	0	0	0	0	0	0	0	1	1
5	J.フランコ			1 /3	4		13	1	0	0	0	0	0	2	0	0	0	0
6				/3														

捕手 氏名	逸球	打撃妨害	許盗塁	盗塁刺
ピアザ			1	

長打	二塁打	三塁打	本塁打
氏名	アルフォンゾ(1回)		ピアザ(8回ウィリアムズ)

2 実際の試合で覚える

①日本初のメジャー開幕ゲーム
——ニューヨーク・メッツ vs シカゴ・カブス
（2000年３月29日、東京ドーム）

カブス	100	010	210	5
メッツ	001	000	020	3

○リーバー　1勝 ●ハンプトン　1敗 〔S〕アギュレラ　1S
〔本〕アンドルーズ1号2ラン（クック、7回）グレース1号（ロドリゲス、8回）ピアザ1号2ラン（ウィリアムズ、8回）

ここからは実戦編です。上段にスコア、下段に試合経過とポイントが対応しています。ただ読み進めるだけでなく、上を隠して試合経過を書いてみたり、下を隠してスコアを書いてみたりして、体で覚えてください。

最初の実戦例は、日本初開催となったメジャーリーグ公式戦、しかも、オープニングゲームです。

2000年の幕開けはカブスが制しました。2対1で迎えた7回、6番アンドルーズ選手が2ラン。「日本第1号」の記念のホームランボールは、米ニューヨーク州クーパースタウンにある野球殿堂に展示されています。8回にもグレース選手の一発でリードを広げ、先発リーバー投手も7回を1失点と好投。メッツは8回裏、ピアザ選手の2ランで追い上げますが、先発ハンプトン投手の10四死球の乱調が響きました。

期待のソーサ選手は不発でしたが、5万5000人のスタンドにはいつもの鳴り物の応援がなく、選手の一挙手一投足に歓声が上がりました。英語のアナウンス、7回裏の攻撃前のセブンス・イニング・ストレッチ、ウェーブのオンパレードにブーイング……と、本場のベースボールを堪能したのです。

スコアとしては、基本的なことが網羅されていて、複雑なシーンはほとんどありませんが、手始めとしては、ポイントも多く、中身の濃いものになっています。

1回

カブス　メッツ

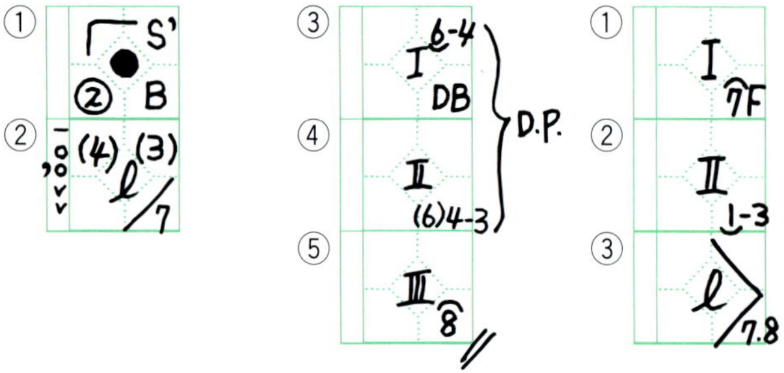

試合経過

〔1回〕

カブス　1番E．ヤングは四球。2番ビュフォードの3球目に二盗。ビュフォードの左前適時打でE．ヤングが生還し、あっさり先制。3番グレースは死球で無死一、二塁。4番ソーサは遊ゴロ併殺打。5番ロドリゲスは中飛。

メッツ　1番ヘンダーソンは左邪飛。2番ハミルトンは投ゴロ。3番アルフォンゾは左中間を破る二塁打。4番ピアザは三ゴロ。

〔2回〕

カブス　6番アンドルーズは四球。7番ニエベスは遊ゴロ併殺打。8番ジラルディーは遊飛。

メッツ　5番ベンチュラは二ゴロ。6番ベルは二飛。7番ジールは空振り三振。

2回

カブス　メッツ

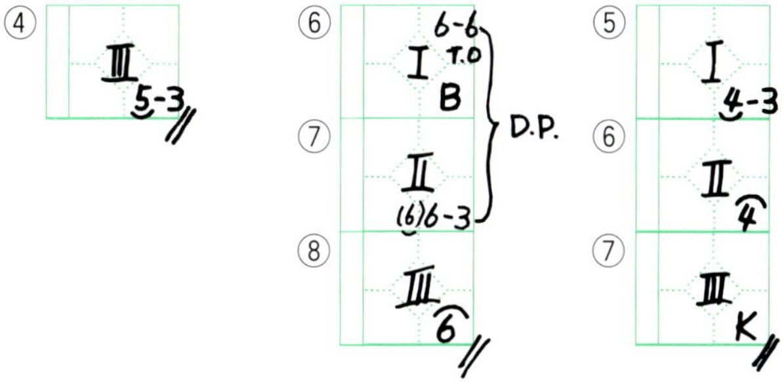

ポイント

盗塁は「❜」で投球と対応〔1回〕

盗塁はS。これで「誰が盗塁したか」はわかる。さらに「いつ盗塁したか」は、投手交代があったとき、自責点に関係するので重要。「❜」を使って投球と関連させる。1回表、カブスの1番E・ヤングが次打者の3球目に盗塁したのだから、SはS❜とし、次打者の3球目の横に❜をつける。1イニングで盗塁が複数回あった場合は、❜の数を増やすことで対応する。

ヒットは赤で〔1回〕

ヒットは赤ペンで記入すると、試合後集計する際に一目瞭然でわかりやすい。また、得点や投手交代も赤で書くとわかりやすい。

進塁で２つ以上の塁を進んだら――、刺殺なら→でつなぐ〔１回〕

走者の進塁は、走者が狙った塁で生きたら「－」でつなぐ。１回表、カブスの１番E・ヤングが二塁からホームインした場面。２番ビュフォードのタイムリーによるから、とする。逆に、狙った塁でアウトになったら、矢印「→」でつなぐ。いずれの場合も、ワンプレーであることを示すために、線でつなぐ。

進塁は（　）数字、打点は○数字〔１回〕

走者の進塁は、守備の行為と混同しないようにするため、打者を表す数字を（　）か○囲みにする。単なる進塁は（　）で囲み、打点がつく進塁（得点）は○囲みと区別しておくと、集計の際にわかりやすい。１回表、カブスの１番E・ヤングは２番ビュフォードの右前打で生還、打点がつくから②。ビュフォードが二進したのは３番グレースの死球によるから（３）となる。

得点は自責点が●〔１回〕

得点は中央に○だが、自責点の場合は●（またはⒺ＝Earned Run の略）として区別する。自責点に関しては記録の項（106ページ）参照。

併殺打は（　）で囲む〔１回〕

併殺打は、打った打者のマスに、打球を捕ったポジションを（　）数字で書く。（　）で囲むのは、補殺を２度数えないようにするため。１回表、カブスのソーサの遊ゴロ併殺打は（６）４－３となる。遊撃手の補殺は走者のマスに６－４と書き、両者の間を｝でつなぎＤＰと書く。

3回

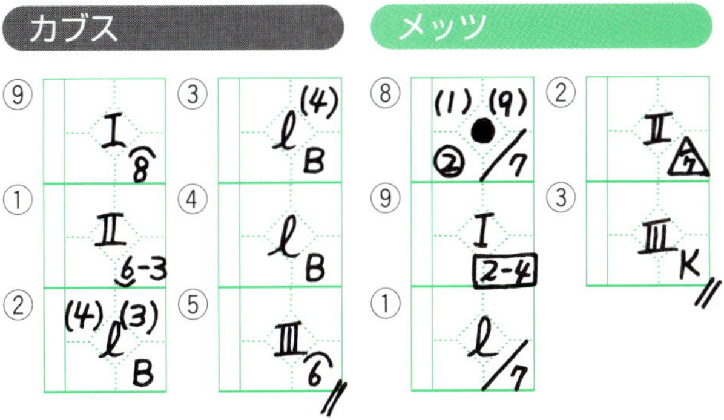

試合経過

〔3回〕

カブス　9番リーバーは中飛。1番E・ヤングは遊ゴロ。2番ビュフォード、3番グレース、4番ソーサと3連続四球で2死満塁。5番ロドリゲスは遊飛。

メッツ　8番オルドネスは左前安打。9番ハンプトンは捕手前犠牲バント、オルドネスは二進。1番ヘンダーソンの左前安打で1死一、三塁。2番ハミルトンの左犠飛でオルドネスが生還し同点。3番アルフォンゾは空振り三振。

ポイント

犠打、犠飛は□で囲む〔3回〕

□で囲むのは打数に入らないことを示す。犠飛を△で囲んで、犠打と犠飛を区別してもいい。

4回

カブス　メッツ

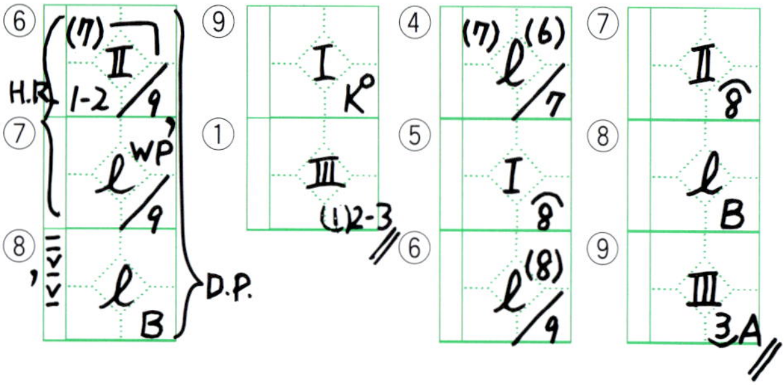

試合経過

〔4回〕

カブス　6番アンドルーズは右前安打。7番ニエベスの2球目にヒットエンドランを仕掛け、右前安打で無死一、三塁。8番ジラルディーの4球目にメッツのハンプトン投手が暴投、ニエベスは二進。ジラルディは四球で満塁。9番リーバーは見逃し三振。1番E・ヤングは投ゴロ、投手→捕手→一塁手と渡る併殺打。

メッツ　4番ピアザは左前安打。5番ベンチュラは中飛。6番ベルは右前安打。7番ジールの中飛でピアザが二塁からタッチアップして三塁へ。8番オルドネスは四球。9番ハンプトンは一ゴロ。

ポイント

A、B、Cは触塁〔4回〕

ベースを表すA（一塁）、B（二塁）、C（三塁）、H（本塁）。ボールを持った野手が自ら触塁して走者をアウトにした場合に用いる。原則的には、本来の守備位置ではないポジションの選手が触塁した際に使う。3回裏、メッツの9番ハンプトンは捕手前犠牲バントで一塁アウトとなったが、ベースカバーに入ったのは二塁手だから、正確には2－4Aとなる。もっとも、一塁ゴロを一塁手が捕りそのままベースを踏んだら、通常、3Aと書く。

暴投、捕逸も投球と関連づける〔4回〕

暴投はWP。これで「暴投で進塁した」のはわかるが、やはり、盗塁と同様「いつ暴投があり進塁したのか」がわかるよう、「❜」で投球と関連づける。捕逸（パスボール＝PB）も同じようにする。

三振は空振り、見逃しを区別〔4回〕

三振はKでよいが、空振りと見逃しは区別したい。これには、いくつか方法がある。例えば、見逃しをKとし、空振りをSO（Struk Out）としたり、あるいは、Kはそのままで、投球欄に空振り⊕（または⨳）、見逃し○（または×）ときちんと記入しておく。ここでは、わかりやすくするために三振はKで統一し、空振りをKのまま、見逃しをK°（記者がよく用いる）とした。もっとも、自分がわかりやすいつけ方を考案してもいい。

ヒットエンドランはH＆R（H.R.）〔4回〕

ヒットエンドランが成功したら、走者と打者を⌇でくくりH＆Rと書いておくと、よりゲームの再現性が増す。

5回

カブス　メッツ

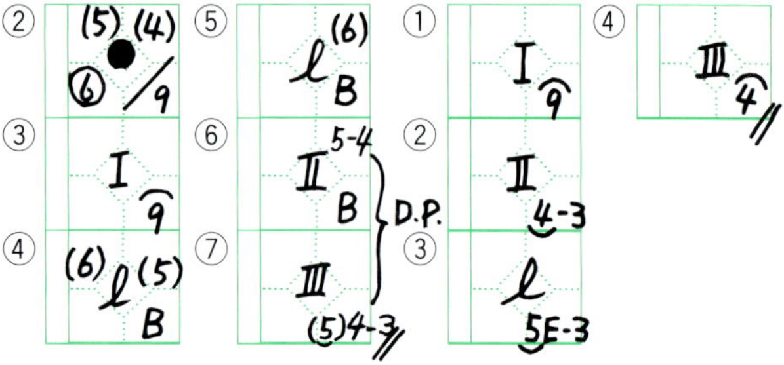

試合経過

〔5回〕

カブス　2番ビュフォードが右前安打。3番グレースは右飛。4番ソーサは四球。5番ロドリゲスも四球で1死満塁。6番アンドルーズも四球、この日2度目の3連続四球で押し出し1点。1死満塁で7番ニエベスは三塁併殺打。

メッツ　1番ヘンダーソンは右飛。2番ハミルトンは二ゴロ。3番アルフォンゾは三失。4番ピアザは二飛。

〔6回〕

カブス　〈メッツ／投手ハンプトン→ウェンデル〉8番ジラルディーが中前安打。9番リーバーは一塁への犠牲バントでジラルディーが二進。1番E・ヤングは捕邪飛。2番ビュフォードは四球で2死一、二塁。〈メッツ／投手ウェンデル→クック〉3番グレースは中飛。

6回

カブス　　　　　　メッツ

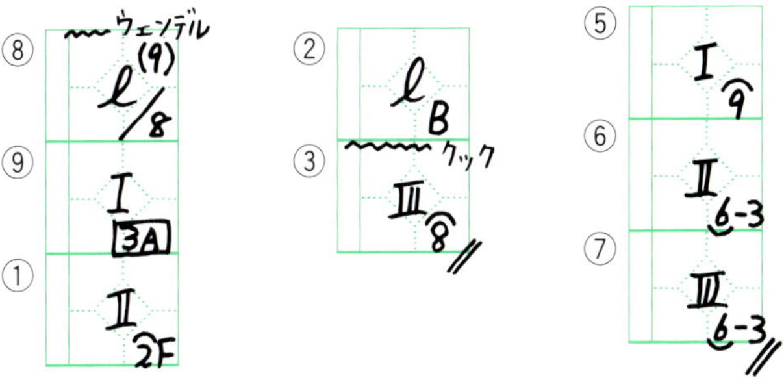

メッツ　5番ベンチュラは右飛。6番ベルは遊ゴロ。7番ジールも遊ゴロ。

ポイント

悪送球は投げた位置も記入〔5回〕

失策はE。基本パターンは3つ。例えば、三塁手がファンブルやトンネルで打者走者を生かした場合には、5E。一塁へ悪送球した場合には、5E－3。5回表メッツの3番アルフォンゾの三塁ゴロをカブスの三塁手アンドルーズが悪送球したのが、このケース。また、送球を一塁手が捕り損ねた場合は、5－3Eとなる。基本的にはこれでOK。さらに詳しくするには、送球が高投なら5E⇀3、低投なら5E⇁3としてもよい。

投手交代は〜〜〜十名前〔6回〕

投手交代があったら、その打者のマス上枠に、〜〜〜波線

7回

カブス　メッツ

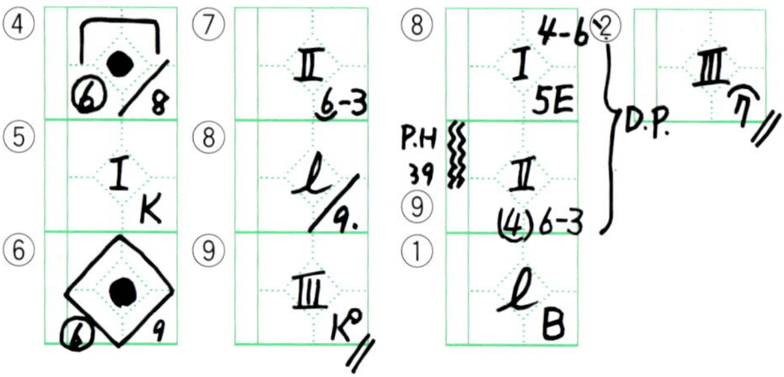

と名前を記入する。

試合経過

〔7回〕

カブス　4番ソーサが中前安打。5番ロドリゲスは空振り三振。6番アンドルーズは右越2点本塁打。7番ニエベスは遊ゴロ。8番ジラルディーは右翼線安打。9番リーバーは見逃し三振。

メッツ　〈カブス／左翼手ロドリゲス→ブロック〉8番オルドネスが三塁失策で出塁。9番クックの代打ナナリーが二ゴロ、二塁手→遊撃手→一塁手とわたる併殺打。1番ヘンダーソンは四球。2番ハミルトンは左飛。

〔8回〕

カブス　〈メッツ／クックの代打ナナリー→9番中堅、2番中堅ハミルトン→2番投手ロドリゲス〉1番E．ヤン

8回

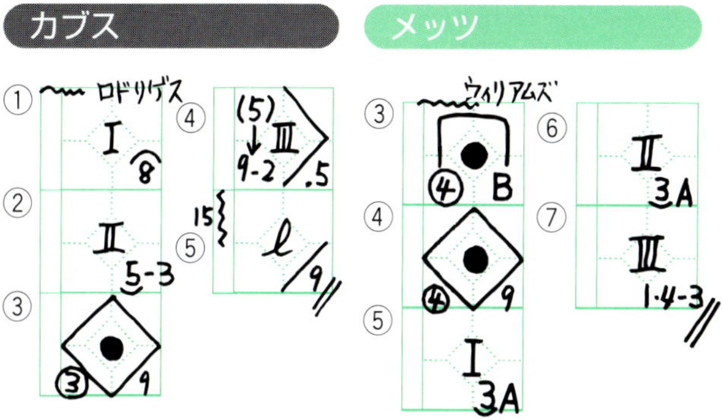

グが中飛。２番ビュフォードは三ゴロ。３番グレースは右越本塁打。４番ソーサは三塁線を破る二塁打。５番ブロックが右前安打。ソーサは三塁を回り本塁を突くが、右翼手の好返球で本塁タッチアウト。

メッツ　〈カブス／投手リーバー→ウィリアムズ〉３番アルフォンゾが四球で出塁。４番ピアザはカウント２－３からのストレートを右翼席中段に運ぶ２点本塁打。５番ベンチュラは一ゴロ。６番ベルも一ゴロ。７番ジールは投手が弾いたゴロを二塁手がさばく投触二ゴロ。

ポイント

本塁打を打った打者にも打点を示す○数字〔７回〕

走者が得点したら、誰の行為で得点したのかを本塁のマスに打順数字で記入する。打点があれば○数字、なければ（　）数字。忘れがちなのが、ホームランを打ったとき。

打った打者のマスにも、その打順を○数字で記入すれば、打点が一目でわかる。

送球による刺殺は、送球の経緯を記入〔8回〕

8回表、カブスの4番ソーサは5番ブロックの右前打で二塁から本塁を突くが、本塁アウト。三進したのは5番打者の安打によるから（5）でいいが、本塁アウトは連続プレーで右翼手のダイレクト返球に刺されたためだから、（5）→9－2とする。もし、送球の間に入った野手がいれば、きちんと記入する。このケースでは、例えば、一塁手がカットに入っていたら9－3－2となる。

守備からの交代は ≀ 、代打・代走は ≀≀〔8回〕

守備交代で出場した選手が打席に立った場合は、一本の ≀ に打順数字、代打または代走で出場した選手の場合は、二本の ≀≀ に打順数字を、投球欄の横に書く。8回表、カブスの5番打者は、前回の守備からロドリゲスに代わったブロックが打席に立ったので、15 ≀ となる。

弾いた打球を別の野手が処理した場合も、経緯を数字で〔8回〕

8回裏、メッツの7番ジールは投触二ゴロ、つまり、投手が弾いたボールを二塁手が捕って一塁送球、アウトにしたケース。これは1・4－3となる。最初に打球に触った投手（1）と処理した二塁手（4）を「・」でつなぐ。もし、他の野手も加わっていたら、きちんと記入する。例えば、二塁手も弾いて遊撃手が処理したのなら、1・4・6－3となる。

9回

カブス　メッツ

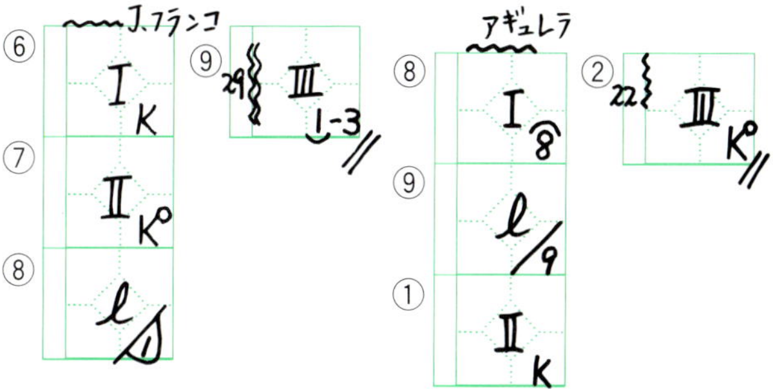

試合経過

〔9回〕

カブス　〈メッツ／投手クック→J・フランコ、一塁手ジール→M．フランコ〉6番アンドルーズは空振り三振。7番ニエベスは見逃し三振。8番ジラルディーは投前内野安打。9番ウィリアムズの代打リニアクは投ゴロ。

メッツ　〈カブス／投手ウィリアムズ→アギュレラ、遊撃ニエベス→ヒューソン〉8番オルドネスは中飛。9番ナナリーは右前安打。1番ヘンダーソン、2番M・フランコと連続三振で試合終了。

ポイント

内野安打は囲む〔9回〕

内野安打は数字を囲んで通常のヒットと区別する。9回表、カブスの8番ジラルディは投前内野安打で  となる。

②野茂、日本人初のノーヒッター！
——コロラド・ロッキーズ vs ロサンゼルス・ドジャース
(1996年 9 月17日、デンバー、クアーズ・フィールド)

1996 年 9 月 17 日	試合開始 21 時 5 分	球場状態		ロサンゼルス ドジャース 対 コロラド ロッキーズ	主審		線審	㊧	放送者	
	試合終了 23 時 57 分	天候・風向			塁審	① ② ③		㊨	記録者	
〔球場〕デンバー・クアーズフィールド	所要時間 2 時間 52 分	観衆	48,048							

刺殺	補殺	失策	併殺	打順	シート	先攻 ドジャース	1	2	3	4	5	6	7	8	9	10	11	12	13	打席数	打数	得点	単打	二塁打	三塁打	本塁打	塁打数	得点打	盗塁	盗塁刺	犠打	犠飛	四死球	三振	残塁
				1	7	ホランズワース	I 1-3		(2)(3) ● B		III 4-3		I K°	III 8						5	5	1											1	1	
				2	8	カービー	II 3A		I 6B /9. D.P			④ ● /9.	ℓ/9							4	4	1	1	1			5								1
				12	8	カーチス									(3) WP ⑤ ○ /6					1	1	1	1												
			1	3	2	ピアザ	III K		II (6B)-3			(4) ⑤ ● B	II 8		I 9					5	5	1											1	1	
				4	3	キャロス		I 5-3	III 4-3			(6)(5) ℓ/8.	III K°		II 5-4 B					5	5		1				2						1	1	1
				5	9	モンデシー		(6) 7E-2 ● .8		I 4-3		ℓ(6)/9		(8) ⑨ ● /7	⑥ ● 5-					5	5	2	1	1			4	2							1
				6	5	ウォラック		(7)(5) ⑧ ○ /7		II 6-3		III 6-4 B		I K	⑥ ● /7					5	5	2	1			1	5	2					1	1	
				7	4	デシールズ		II 3-1A		III 1-3		I K°		II 8	ℓ(8) 4					5	5		1				1							1	1
				8	6	ギャグニー		ℓ/7			I 8	II 2F		ℓ(9)/8	ℓ B					5	5		2				2	1					1		2
				9	1	野茂		III 5-3			II K	ℓ 6-		ℓ/9	III K					5	5		1				2							2	2

S.リード (6回), リーカー (7回), ベケット (8回)

合計	1	2	3	4	5	6	7	8	9	10	11	12	13
安打・四死球・失策		3 / /	/ /			3 2	/	3	3 2				
得点	0	2	1	0	0	2	0	1	3				
投球数													

投手	氏名	勝負	セーブ	投球回数	打者	打数	投球数	安打	本塁打	犠打	犠飛	四球	死球	三振	暴投	ボーク	失点	自責点
先発	スィフト	●		5 0/3	23	21	75	7				2		2			5	5
2	S.リード			2 /3	8	7	42	1				1		3			0	0
3	リーカー			1 /3	6	6	18	3				0		1			1	1
4	ベケット			1 /3	8	6	38	3	1			2		1	1		3	3
5				/3														
6				/3														

捕手 氏名	逸球	打撃妨害	許盗塁	盗塁刺
デッカー				
J.リード				

長打	二塁打	三塁打	本塁打
氏名	モンデシー（2回 スイフト） カービー（6回 スイフト）		ウォラック（9回 ベケット）

チーム名	(監督名)	1	2	3	4	5	6	7	8	9	10	11	12	13	合計
ドジャース		0	2	1	0	0	2	0	1	3					9
ロッキーズ		0	0	0	0	0	0	0	0	0					0

記事: 野茂ノーヒッター
メジャー196人目(233回)、日本人初の偉業!

No.

後攻 ロッキーズ

刺殺	補殺	失策	併殺	打順	シート 先発		打ち方	ロッキーズ	1	2	3	4	5	6	7	8	9	10	11	12	13	打席数	打数	得点	単打	二塁打	三塁打	本塁打	塁打数	得点打	盗塁	盗塁刺	犠打	犠飛	四死球	三振	残塁
				1	4			ヤング	Ⅰ ⌒8		Ⅱ ⌒8			Ⅰ B CS (1·3·6-1)			Ⅰ 4-3					4	X/									/			/		
				2	8			マクラックン	(3) ℓ S' B		Ⅲ 4-3 //			Ⅱ 1-3			Ⅱ 4-3					4	X/								/				/		/
		/		3	7			バークス	Ⅱ ⌒9			Ⅱ B 6-4		Ⅲ 1-3 //			Ⅲ K //					4	X/												/	/	
				4	9			ビシェット	Ⅲ K //			Ⅰ K			Ⅰ K							3	X/													X/	
				5	3			ガララーガ		ℓ S' B		ℓ 6-			Ⅱ 9							3	X								/				/		X
				6	5			カスティーヤ		Ⅰ K		Ⅲ ⌒9 //			Ⅲ ⌒8 //							3	X/													/	
				7	2			デッカー		Ⅱ K			Ⅰ ⌒9									2	X													/	
				17	PH			ジョーンズ								Ⅰ K°						1	/													/	
				27		2		J. リード																													
				8	6			ペレス		Ⅲ ⌒5F //			Ⅱ ⌒5			Ⅱ 4-3						3	X/														
				9	1			スイフト			Ⅰ 4-3		Ⅲ K //									2	X													/	
				19	1			S. リード														1	/														
				29	1			リッカー																													
				39		PH		バンタウル								Ⅲ ⌒5 //																					
				49	1			ベケット																													
				59																																	

合計	1	2	3	4	5	6	7	8	9	10	11	12	13
安打													
四死球	/	/		/		/							
失策													
得点	0	0	0	0	0	0	0	0	0				
投球数	18/18	16/34	7/41	14/55	9/64	16/80	9/89	12/101	9/110				

投手	氏名	勝負	セーブ	投球回数	打者	打数	投球数	安打	本塁打	犠打	犠飛	四球	死球	三振	暴投	ボーク	失点	自責点
先発	野茂	○		9 /3	30	26	110	0	0	0	0	4	0	8	0	0	0	0
2				/3														
3				/3														
4				/3														
5				/3														
6				/3														

捕手 氏名	逸球	打撃妨害	許盗塁	盗塁刺
ピアザ	0	0	2	

長打	二塁打	三塁打	本塁打
氏名			

ドジャース	021	002	013	9
ロッキーズ	000	000	000	0

○野茂　16勝10敗　●スイフト　1勝1敗
〔本〕ウォラック4号2ラン（9回、ベケット）

メジャー2年目の野茂英雄投手（当時ドジャース）が、強打のロッキーズ打線を相手にノーヒットノーランを達成した試合です。メジャーリーグでは196人（233回）目、日本人としてはもちろん初めての快挙です。

舞台となったクアーズ・フィールドは、米国コロラド州デンバーの1600mの高地にあり、気圧が低いことから打球がよく飛ぶと言われ、開場2年で完封はわずか2試合という打者優位の球場でした。しかも、降雨のため試合開始が2時間も遅れ、ぬかるんだ軟弱なマウンドという悪条件。そんな中、得意のフォークを駆使して8奪三振、4四球も後続を断ち切り、110球、自身59試合目での偉業でした。

最後のバッターのバークスを、真ん中低めのフォークで空振り三振に打ち取ると、マウンド上で小さく右手を握りしめた野茂は、キャッチャーのピアザに抱き上げられナインの手荒い祝福を受けました。敵も味方もなく、スタンディングオベーションが鳴りやまないスタンドに帽子を振って応える姿は、「メジャーらしさ」を強く印象づけたシーンでした。

「NOMO」の名をメジャー史上に残すことになったゲーム。スコアについては、いたってシンプルです。ゴロ、フライ、三振（見逃し、空振り）、得点など基本を覚えましょう。

1回

ドジャース　　**ロッキーズ**

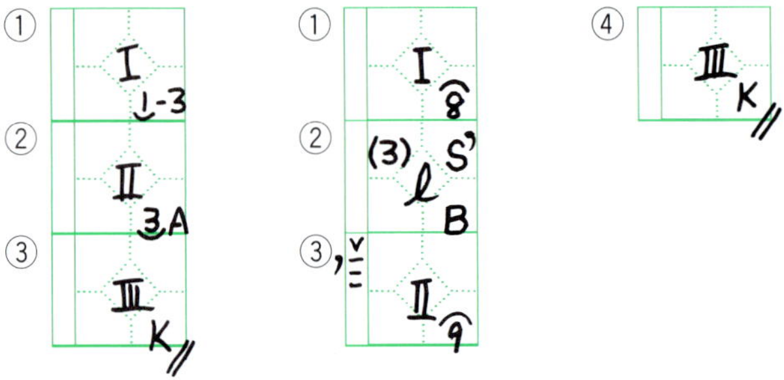

試合経過

〔1回〕

ドジャース　1番ホランズワースは投ゴロ。2番カービーは一ゴロ。3番ピアザは空振り三振で、三者凡退。

ロッキーズ　1番ヤングは初球を中飛。2番マクラッケンは四球。3番バークスのときマクラッケンが二盗。バークスの右飛でマクラッケン三進。ここまで野茂は11球全てストレート。4番ビシェットは2－2からフォークを空振り三振。

〔2回〕

ドジャース　4番キャロスは三ゴロ。5番モンデシーが中堅左へ二塁打。6番ウォラックの左前打でモンデシーは三進、さらに、左翼手の本塁送球が逸れる間に生還し先制。その間、ウォラックは二進。7番デシールズは一ゴロでウ

2回

ドジャース　ロッキーズ

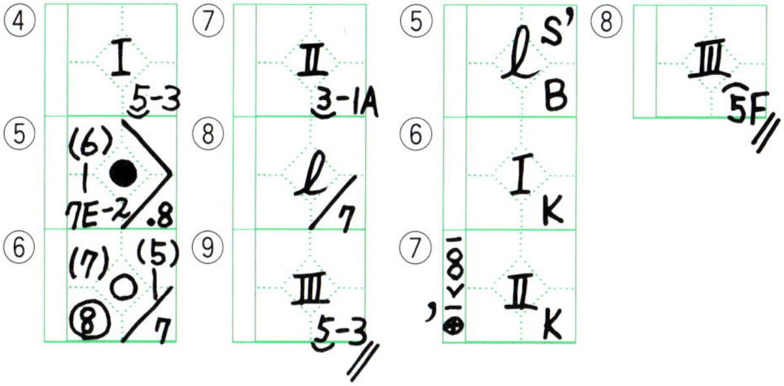

ォラック三進の2死三塁から、8番ギャグニーが左前適時打で2点目。9番野茂は三ゴロ。

ロッキーズ　5番ガララーガはストレートの四球。6番カスティーヤは2－1からフォークに空振り三振。7番デッカーの5球目にガララーガが二盗。デッカーは2－2からフォークで三振。8番ペレスは三塁ファウルフライ。

ポイント

1ヒット1エラー間の得点は－でつなぐ〔2回〕

1ヒット1エラーが記録された場合は、連続プレーだから「－」でつなぐ。2回表、ドジャースの攻撃。5番モンデシーが二塁打で出塁、続く6番ウォラックが左前安打を放った場面。通常、二塁走者は1ヒットで本塁へ帰るが、ここは左翼手がきちんと本塁へ返球すれば、悠々アウトのタイミング。しかし、左翼手が本塁へ悪送球したために、

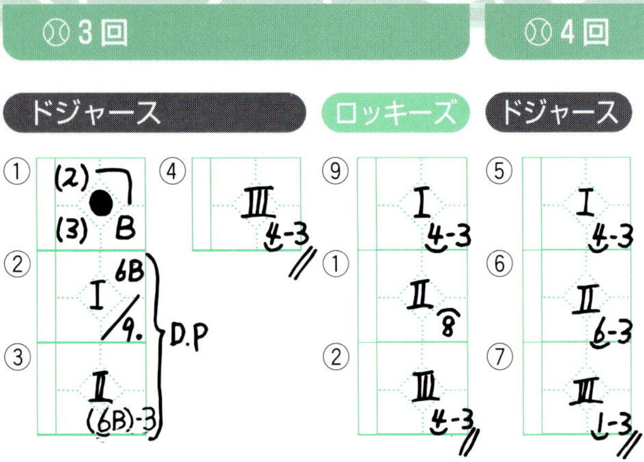

ホームインしたということ。つまり、1ヒット1エラーの連続プレーで、（6）と7E－2を－でつなぐ。得点は失策によるので打点はつかない。

送球間の進塁、二重になる場合は打順数字で〔2回〕

前記のケースで、ヒットを打った6番打者の二塁進塁は、このときの左翼手の本塁悪送球間となる。書き方は、そのプレーのあった5番打者走者の（5）としておくのが、シンプルでいい。（　）でとじて、（7E－2）でも構わないが、すでに5番打者のマスに7E－2とあり失策を2つに数え間違える可能性もある。当然、これも連続プレーなので、－でつなぐ。

試合経過

〔3回〕

ドジャース　1番ホランズワースが四球で出塁。2番カ

5回

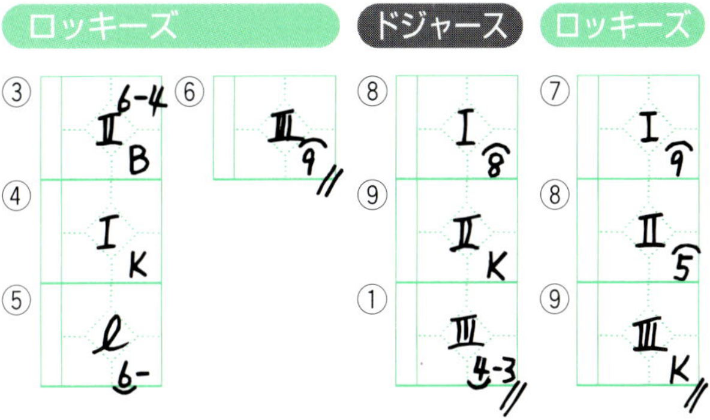

ービーの右前打で無死一、三塁。3番ピアザの遊ゴロ併殺打の間に、ホランズワースが生還。4番キャロスは二ゴロ。

ロッキーズ　9番スィフトは二ゴロ。1番ヤングは中飛。2番マクラッケンは二ゴロ。

〔4回〕

ドジャース　5番モンデシーは二ゴロ。6番ウォラックは遊ゴロ。7番デシールズは投ゴロで三者凡退。

ロッキーズ　3番バークスは四球。4番ビシェットは2－1からストレートを空振り三振。5番ガララーガは遊ゴロでバークス二封。6番カスティーヤは右飛。

〔5回〕

ドジャース　8番ギャグニーは中飛。9番野茂は空振り三振。1番ホランズワースは二ゴロで三者凡退。

ロッキーズ　7番デッカーは右飛。8番ペレスは三飛。

９番スィフトは２－０からフォークを空振り三振。

ポイント

打点がつかない得点は（　）数字〔３回〕

得点したら、本塁のマス目に要因となった打者の打順番号を記入するが、打点がつかない場合は、通常の進塁と同じように（　）数字とする。３回表、ドジャース。四球で出塁した１番ホランズワースは三進後、３番ピアザの遊ゴロ併殺打の間にホームインした。併殺打は打点がつかないので、（３）とする。ちなみに、これがもし普通の内野ゴロだったら打点がつくので③となる。

触塁はアルファベット〔３回〕

３回表、ドジャース。３番ピアザの遊ゴロ併殺打は、遊撃手がそのまま二塁ベースを踏み、一塁へ転送したもの。よって、（６Ｂ）－３と表記し、}ＤＰをつける。

内野ゴロで二塁封殺は、打者のマスに「打球のポジション数字ー」で記入〔４回〕

内野ゴロで一塁走者が二塁封殺、打者走者は一塁に生きる、というのはよくあるケース。４回裏、ロッキーズ。四球で出塁した３番バークスは、５番ガララーガの遊ゴロで二塁封殺された。こうしたケースでは、一塁に生きた５番打者のマス目に「６－」と書く。６だけでも決して間違いではないが、送球した（一塁以外に）ことを示しておけば、一目でわかりやすい。封殺された３番打者の二塁のマス目に「６－４」と送球順序を書く。

6回

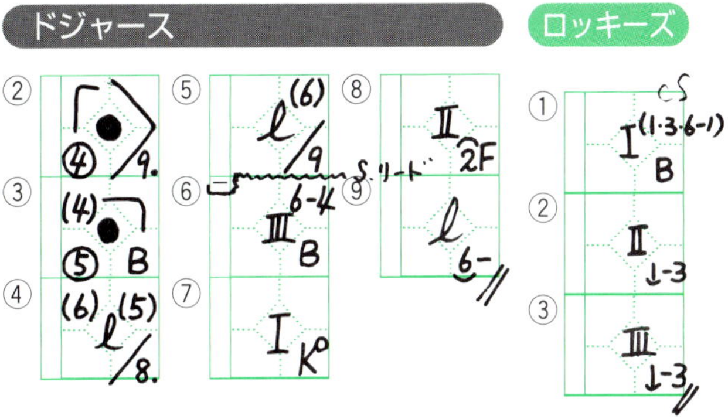

試合経過

〔6回〕

ドジャース　2番カービーが右翼線二塁打で出塁。3番ピアザは四球で無死一、二塁。4番キャロスの中前打でカービーが生還し一、三塁。続く5番モンデシーも右前に連続適時打でピアザが三塁から生還。〈ロッキーズ／投手スィフト→S．リード〉6番ウォラックは四球で満塁。7番デシールズが三振、8番ギャグニーが捕邪飛で2死。9番野茂は遊ゴロで一塁走者ウォラックが二封。

ロッキーズ　1番ヤングは四球。2番マクラッケンのとき、野茂の一塁けん制球に誘い出された一塁走者ヤングは一、二塁間に挟まれタッチアウト（記録は盗塁死）。マクラッケンは投ゴロ。3番バークスも投ゴロで、結果的に3者凡退。

ポイント

盗塁死は送球順序を（　）で囲み投球と関連〔6回〕

盗塁死も盗塁成功と同様、走者のマス目に（　）で送球順序を記入し、投球欄に❜をつけ関連させる。1イニングに複数あれば、（　）の数と❜の数を増やすことで対応する。通常、盗塁死は捕手からの二塁送球でアウトとなるケースだから、（2－6B）あるいは（2－4）となる。6回裏、ロッキーズ。四球で出塁した1番ヤングの場合は、投手野茂のけん制に誘われ、一、二塁間に挟まれ、最後は投手にタッチされアウトとなった。だから投手－一塁手－遊撃手－投手を、（1・3・6－1）と番号で書く。加えて、盗塁死を示すＣＳ（コートスチーリング）と書いておけば、さらに親切。

走者が二塁へ向かえば盗塁死、戻ればけん制死

6回裏の場面で、投手野茂のけん制で誘い出されたにもかかわらず、「盗塁死」となるのは、なぜか。「けん制死」ではないのか？　日本の規則では、一塁走者が「一度でも」二塁へ走る動作をした場合は「盗塁死」、走者が「そのまま」一塁へ戻った場合は「けん制死」としている。つまり、この場面は、けん制で走者は二塁へ向かったので盗塁死となる。

ファウルフライはＦ〔6回〕

ファウルフライはＦをつけるのが最も分かりやすい。6回表、ドジャース。8番ギャグニーの捕手へのファウルフライは⌒2Ｆとなる。

7回

ドジャース　　　　ロッキーズ

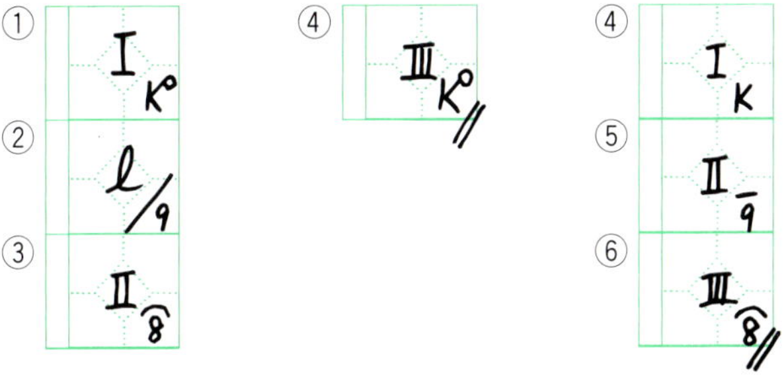

試合経過

〔7回〕

ドジャース　1番ホランズワースは見逃し三振。2番カービーが右前安打。3番ピアザは中飛。4番キャロスは見逃し三振。

ロッキーズ　〈ドジャース／中堅手カービー→カーチス〉4番ビシェットはストレートで3球三振。5番ガララーガは右直。6番カスティーヤは中飛。

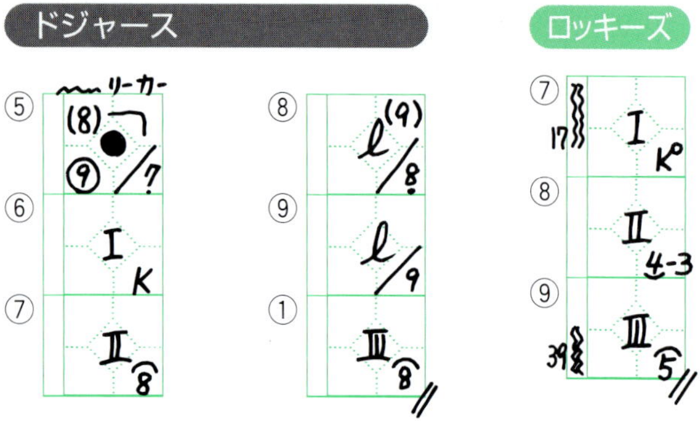

試合経過

〔8回〕

ドジャース　〈ロッキーズ／投手S.リード→リーカー〉
5番モンデシーは左前安打。6番ウォラックは空振り三振。7番デシールズは中飛。8番ギャグニーの中前安打で、2死一、三塁。ここで9番野茂が右前適時打、三塁走者モンデシーが生還。1番ホランズワースは中飛。

ロッキーズ　7番デッカーの代打ジョーンズはフォークを見逃して3球三振。8番ペレスは二ゴロ。9番S．リードの代打バンダワルは三飛。

9回

ドジャース　ロッキーズ

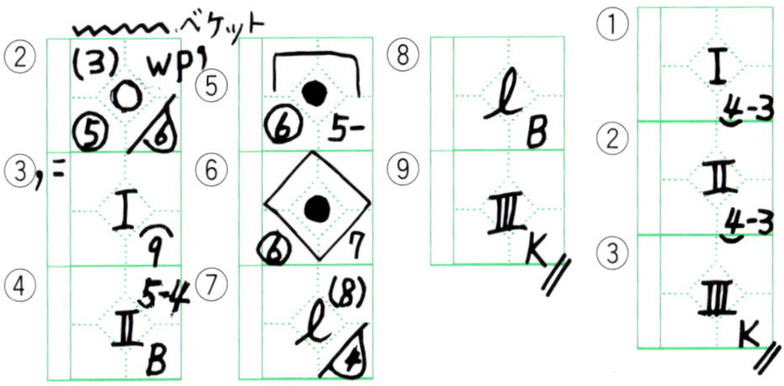

試合経過

〔9回〕

ドジャース　〈ロッキーズ／捕手デッカーの代打ジョーンズ→捕手J．リード、投手リーカーの代打バンダウル→投手ベケット〉 2番カーチスは遊撃への内野安打。3番ピアザの2球目にワイルドピッチ、カーチスは二進。ピアザは右飛、カーチスはタッチアップで三進。4番キャロスは四球。5番モンデシーの三ゴロでキャロスが二塁封殺、その間にカーチスがホームイン。6番ウォラックは左越に2点本塁打。7番デシールズは二塁内野安打。8番ギャグニーは四球で無死一、二塁。9番野茂は空振り三振。

ロッキーズ　1番ヤングは二ゴロ。2番マクラッケンも二ゴロ。3番バークスは2－2から真ん中低めに落ちるフォークで空振り三振。ゲームセット。

③甲子園の球史に残る延長17回の激闘
——横浜高校 vs ＰＬ学園（1998年８月20日、甲子園球場）

横　浜	000	220	01001000012	9
ＰＬ学園	030	100	10001000010	7

○松坂　●上重

〔本〕小山２ラン（４回、稲田=大会29号）常盤２ラン（17回、上重=大会30号）

近年の高校野球史上まれに見る名勝負です。

98年、夏の甲子園。大会15日目の準々決勝、松坂大輔投手（現西武）を擁する横浜（神奈川）と最多優勝校の強豪ＰＬ学園（大阪府）の一戦は、延長17回の末、横浜が９対７でＰＬを下しました。完投した松坂投手は250球を投げ抜いたのです。

同点になること４度、抜きつ抜かれつの好ゲームを展開しました。

守りのミスが引き金となり決着がつきました。

17回表２死から、横浜は柴武志選手が遊ゴロ一塁悪送球で出塁、そして、常盤良太選手がＰＬの２番手上重聡投手から右越え２ラン。粘りに粘ったＰＬもその裏は３者凡退に終わり、３時間37分の熱戦に終止符が打たれたのです。

松坂投手はその後の２試合にも登板。決勝ではノーヒットノーランの快投を演じ優勝、怪物ぶりを全国に轟かせたのです。

スコアをつける上で頭を悩ますような複雑なシーンは少ないですが、長いだけに根気が要求されます。できれば、投球数をきちんと記入しておきたいゲームです。

1回

横　浜　　PL学園

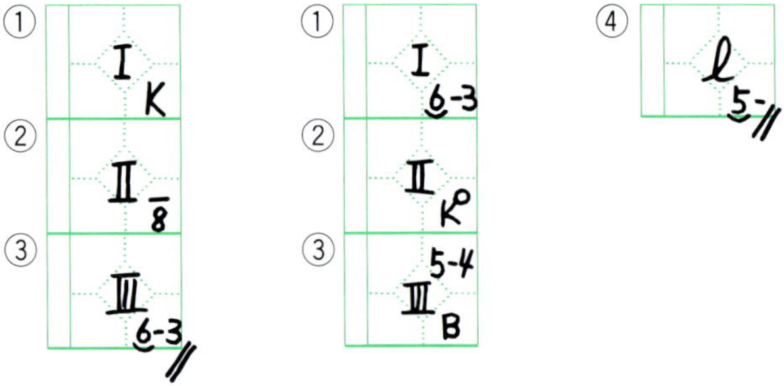

試合経過

〔1回〕

横浜　1番小池は空振り三振。2番加藤は中直。3番後藤は遊ゴロ。

PL　1番田中一は遊ゴロ。2番井関は見逃し三振。3番本橋が四球。4番古畑は三ゴロで一塁走者本橋が二塁封殺。

〔2回〕

横浜　4番松坂は遊ゴロ。5番小山は投邪飛。6番堀は左飛。

PL　5番大西は二遊間を抜く中前安打。6番三垣の投前バントを投手松坂が二塁へ送球し野選（犠打野選）。7番石橋は捕前犠打で1死二、三塁。8番稲田の中犠飛で、三塁走者大西が生還し1点先制。9番松丸の中越え二塁打で、二塁走者三垣が生還。1番田中一のとき、投手松坂が

2回

横　浜　　ＰＬ学園

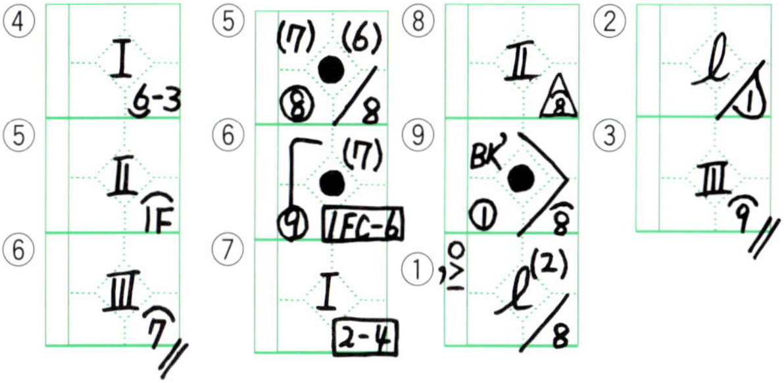

ボーク、二塁走者松丸は三進。田中一の中前安打で松丸が生還し３点目。２番井関は投前安打。３番本橋は右飛。

ポイント

牺打野選は野選を囲む〔２回〕

犠打と野選が一度に記録されるケースがある。２回裏のＰＬ学園。無死一塁から６番三垣は投手前に送りバント。投手松坂は二塁（遊撃手）に送球したが間に合わず、打者走者と共に一、二塁オールセーフ。送りバントは確実に成功していたので、打者には犠打が、投手には野選が記録される。この場合は、1ＦＣ－6となる。

ボークは投球欄にチェック〔２回〕

ボークで進塁したら、投球欄にも〉と記しておく。２回裏のＰＬ。横浜の投手松坂は、１番田中一の１ストライク後にボーク、三進した二塁走者松丸のＢＫと対応。

3回

横　浜　　　PL学園

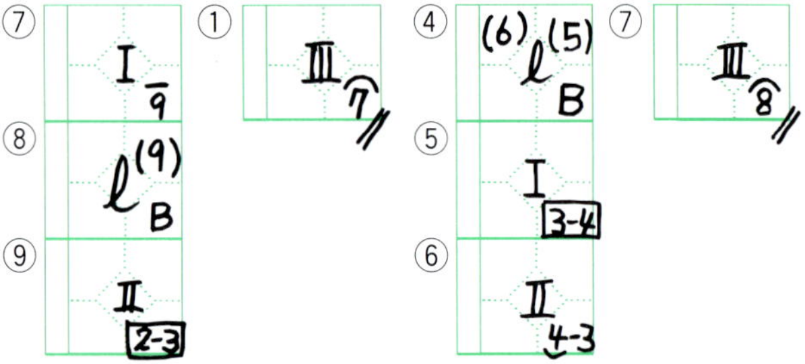

試合経過

〔3回〕

横浜　7番斎藤は右直。8番佐藤は四球。9番松本は捕犠打で佐藤は二進。1番小池は左飛。

PL　4番古畑は四球。5番大西は一犠打で古畑は二進。6番三垣は二ゴロの間に古畑三進。7番石橋は中飛。

1998年 8月 20日
全国高校野球 準々決勝
〔球場〕阪神甲子園球場

試合開始 8時30分
試合終了 12時07分
所要時間 3時間37分
球場状態
天候・風向
観衆 43,000

横浜 対 PL学園

主審 岡本
塁審 ①浜田 ②鹿多 ③三宅
線審 左 / 右
放送者
記録者

打順	シート	先攻 横浜	1	2	3	4	5	6	7	8	9	10	11	12	13
1	9	小池	I K		III 7		I 3		III 4			T.O. (6)7-4 I↑ 6E		II 9	
2	8	加藤	II 8			⑤ 7	ℓ WP 5-			S' ⑤ 7		II 4-3		III 4-3	
3	3	後藤	III 6-3			I 7	ℓ B			I 9		III K			I 3
4	1	松坂		I 6-3		II 6	III 6			II 7			⑥ (5) 7		ℓ (5) 9
5	2	小山		II 1F		⑤ 7.8		II 2-3 7 D.P.		ℓ (8-2) 1 8			I 1-3		III 6B 8
6	7 / 7	堀 / 柴		III 7		III K		I BH 2- D.P.		III 6			(7) ℓ (8-2) 1 4.6		II K
7	5 / 5 / PH 5	山野井 / 斎藤 / 常盤		17	I 9		(8) ⑨ 7	III 4 〜〜上重			I K		27 II 4-3		ℓ 6-
8	6	佐藤			ℓ (9) B		⑨ 8		I 6-3		II 1-3		III 2F		
9	4	松本			II 2-3		II 5-2 T.O. 8.9		II K		III K			I K	

合計	1	2	3	4	5	6	7	8	9	10	11	12	13
安 四 失	0 0 0	0 0 0	0 1 0	2 0 0	3 1 0	1 0 0	0 0 0	2 0 0	0 0 0	0 0 1	2 0 0	0 0 0	2 0 0
得点	0	0	0	2	2	0	0	1	0	0	1	0	0
投球数													

投手	氏名	勝負	セーブ	投球回数	打者	打数	投球数	安打	本塁打	犠打	犠飛	四球	死球	三振	暴投	ボーク	失点	自責点
先発	松坂	○		17 /3	70	64	250	13	0	5	1	5	1	11	1	1	7	7
2				/3														
3				/3														
4				/3														
5				/3														
6				/3														

捕手 氏名	逸球	打撃妨害	許盗塁	盗塁刺
小山				

長打	二塁打	三塁打	本塁打
氏名	加藤 斎藤 小山	松本	小山（4回 稲田） 常盤（17回 上重）

チーム名	(監督名)	1	2	3	4	5	6	7	8	9	10	11	12	13	合計
横浜	渡辺	0	0	0	2	2	0	0	1	0	0	1	0	0	
PL学園	河野	0	3	0	1	0	0	1	0	0	0	1	0	0	

記事

延長17回、3時間37分の激闘を横浜が制した。

同点となること4度、最後は常盤の2ランで突き放した。

松坂は250球を投げ抜いた。

No.

後攻 PL学園

刺殺	補殺	失策	併殺	打順	シート	打ち方	選手	1	2	3	4	5	6	7	8	9	10	11	12	13
				1	7		田中(一)	I 6-3	ℓ(2) /8		ℓ(2) /7		III K //		ℓ /7		III 6-3 //			I 6-3
				2	9		井関	II K	ℓ (1)		ℓ /9			I 4-3	II K			●(3) ⑤ /7		II 9
				12	PH9		平石													
	2			3	6		本橋	III B 5-4	III 9 //		II K			●(5) ⑥ B	III 8 //			I 1-4		III 4 //
				4	5		古畑	ℓ 5- //		(6) ℓ(5) B	III 7 //			II 7		(2-4-6) I T.O. B		II K		
	1			5	8		大西		(7) ●(6) ⑧ /8	I 3-4		I 3F		ℓ(6) /9		II 3A		III 6-4 /7		
				6	3		三垣		●(7) ⑨ FC-6	II 4-3		II 4		ℓ /7		III 3-1A //		ℓ 6- //		
				7	2		石橋		I 2-4	III 8 //		III 4-3 //		III K //			I 9		I 4-3	
				17	2		田中(雅)													
				8	1		稲田		II 8		I 8		I 8		I 5-3		II K		II 5-3	
				18	1		上重													
				9	4		松丸		BK ● ① /8		●(1) ② /7		II K		ℓ(1) DB		ℓ B		III K //	

合計	1	2	3	4	5	6	7	8	9	10	11	12	13
安打・四死球・失策	0 1 0	4 0 0	0 1 0	3 0 0	0 0 0	0 0 0	2 1 0	1 1 0	0 1 0	0 1 0	2 0 0	0 0 0	
得点	0	3	0	1	0	0	1	0	0	0	1	0	
投球数													

投手	氏名	勝負	セーブ	投球回数	打者	打数	投球数	安打	本塁打	犠打	犠飛	四球	死球	三振	暴投	ボーク	失点	自責点
先発	稲田			6 /3	25	23	78	6	1	1	0	2	0	2	1	0	4	4
2	上重	●		11 /3	46	45	145	13	1	3	0	0	1	6	0	0	5	3
3				/3														
4				/3														
5				/3														
6				/3														

捕手 氏名	逸球	打撃妨害	許盗塁	盗塁刺
石橋				
田中(雅)				

長打	二塁打	三塁打	本塁打
氏名	松丸		

チーム名	(監督名)	×14	×15	×16	×17	5	6	7	8	9	10	11	12	13	合計	記事
		0	0	1	2										9	
		0	0	1	0										7	

No.

打順	後攻 PL学園	×14	×15	×16	×17	5	6	7	8	9	10	11	12	13	打席数・打数・得点・安打・塁打数・打点・盗塁・盗塁刺・犠打・犠飛・四死球・三振・残塁
1 / 11 / 21				WP' (2) ● ③ /7											8 XX / X 4 / / X
2 / 12 / 22				I [1-4]											4 X X 2 / / X ; 4 X / / 1 / /
3 / 13 / 23				II 6-3											8 X/ / / / X /
4 / 14 / 24		I 6-3		III 5-3 //											8 XX X / X
5 / 15 / 25		II 6			I 6-3										8 XX/ / X 3 / / /
6 / 16 / 26		III 8 //			II 9										8 XX/ / / 1 / / X
7 / 17 / 27			I 3A		III K //										4 X / / ; 4 X /
8 / 18 / 28			II 7												3 X / / ; 4 X /
9 / 19 / 29 / 39 / 49 / 59			III K //												7 X/ X / 3 / X X X

合計	×14	×15	×16	×17	5	6	7	8	9	10	11	12	13
安打・四死球・失策	0 0 0	0 0 0	1 0 0	0 0 0									
得点	0	0	1	0									
投球数													

打席数	打数	得点	単打	二塁打	三塁打	本塁打	塁打数	打点	盗塁	盗塁刺	犠打	犠飛	四死球	三振	残塁
70	58	7	12	1	0	0	14	7	0	0	5	1	6	11	12

投手	氏名	勝負	セーブ	投球回数	打者	打数	投球数	安打	本塁打	犠打	犠飛	四球	死球	三振	暴投	ボーク	失点	自責点
先発				/3														
2				/3														
3				/3														
4				/3														
5				/3														
6				/3														

捕手 氏名	逸球	打撃妨害	許盗塁	盗塁刺

長打 氏名	二塁打	三塁打	本塁打

年 月 日	試合開始 時 分	球場状態		主審	線審 ㊧	放送者
	試合終了 時 分	天候・風向	対	塁審 ① ② ③	㊨	記録者
〔球場〕	所要時間 時間 分	観衆				

刺殺	補殺	失策	併殺	打順	シート 先発	先攻 横浜	X14	X15	X16	X17	5	6	7	8	9	10	11	12	13
				1 / 11 / 21			II 4- //		ℓ(2) /6										
				2 / 12 / 22				(1)-3 * II DB	II D.P. 6-3										
				3 / 13 / 23				I 1-3	III 1-3 //										
				4 / 14 / 24				D.P. (5) ℓ /7		I 2F									
				5 / 15 / 25				ℓ 7.8		II 7									
				6 / 16 / 26				III 4-3 //		O ⑦ 6E-3									
				7 / 17 / 27					(1) (8) ● ② /9	O ⑦ 8.9									
				8 / 18 / 28			4-6 (9) III /8		I 2-3	III 3A //									
				9 / 19 / 29 / 39 / 49 / 59			I 1-3		(2) ℓ(1) /6										
合計					安打 / 四死球 / 失策		1 0 0	2 1 0	3 0 0	1 0 1									
					得点		0	0	1	2									
					投球数														

打順	打席数	打数	得点	単打	二塁打	三塁打	本塁打	塁打数	得点打	盗塁	盗塁刺	犠打	犠飛	四死球	三振	残塁
1	8	XX		/				/							/	/
2	8	XX	X	/				3	/	/				/		/
3	8	XX												/	/	/
4	8	XX	/	X				3								X
5	8	XX	/	X			/	9	X			/				X
6	3 / 5	X / X	/	/				/	/						/ /	/
7	0 / 4 / 4	X / X	/ X	/			/	5	X						/	/
8	8	XX	/	X				2				/		/		/
9	7	X	/	/		/		4	X			X			X	/
合計	64	9		13	3	1	2	28	9	1	0	4	0	3	8	11

投手	氏名	勝負	セーブ	投球回数	打者	打数	投球数	安打	本塁打	犠打	犠飛	四球	死球	三振	暴投	ボーク	失点	自責点
先発				/3														
2				/3														
3				/3														
4				/3														
5				/3														
6				/3														

捕手	氏名	逸球	打撃妨害	許盗塁	盗塁刺

長打	二塁打	三塁打	本塁打
氏名			

4回

横　浜　　　　ＰＬ学園

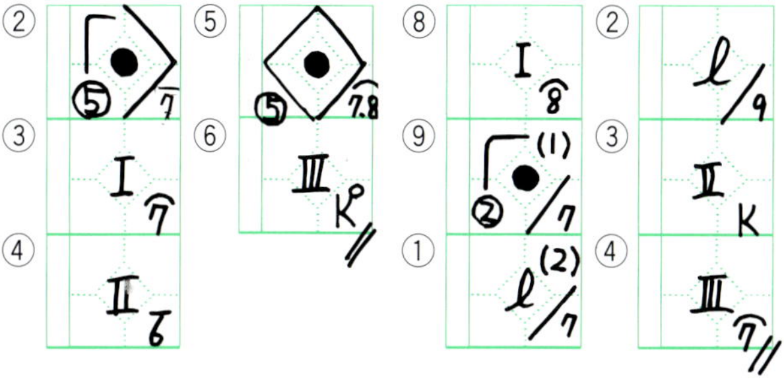

試合経過

〔4回〕

横浜　2番加藤が左越え二塁打。3番後藤は左飛。4番松坂は遊直。5番小山は左中間に2点本塁打。1点差に追い上げる。6番堀は見逃し三振。

ＰＬ　8番稲田は中飛。9番松丸は三遊間突破の左前安打。1番田中一は左前安打で、1死一、二塁。2番井関の一、二塁間突破の右前安打で二塁走者松丸が生還。4対2と突き放す。3番本橋は空振り三振。4番古畑は左飛。

横　浜　　　　PL学園

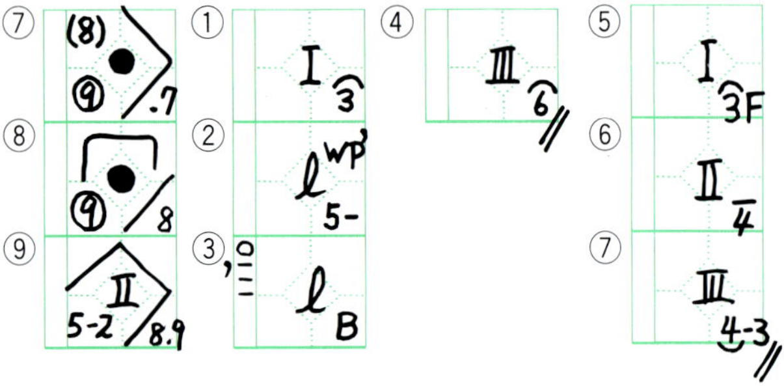

試合経過

〔5回〕

横浜　7番斎藤は三塁線を抜く二塁打。8番佐藤は中前安打で、無死一、三塁。9番松本は右中間突破の三塁打で二者生還、4対4の同点。1番小池は一飛。2番加藤の三ゴロで三塁走者松本が本塁を突くが、三塁→捕手とわたりタッチアウト。3番後藤の2球目に投手稲田が暴投、一塁走者加藤が二進。後藤は四球。4番松坂は遊飛。

PL　5番大西は一邪飛。6番三垣は二直。7番石橋は二ゴロで3者凡退。

ポイント

内野ゴロで走者アウトは走者に補殺ー刺殺を〔5回〕

5回表横浜。2番加藤の三ゴロで三塁走者松本が本塁憤死は、加藤に5－、松本に5－2と記入する。

6回

7回

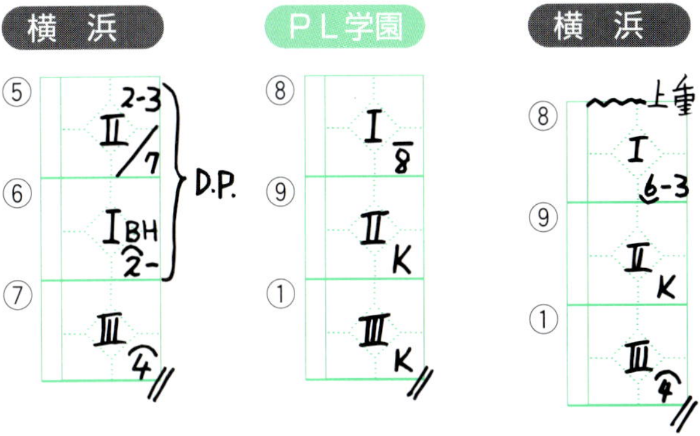

試合経過

〔6回〕

横浜　5番小山は三遊間突破の左前安打。6番堀のバントは捕飛となり送りバント失敗、飛び出した一塁走者小山も刺され併殺。7番斎藤は二飛。

PL　8番稲田は中直。9番松丸は空振り三振。1番田中一も空振り三振で3者凡退。

〔7回〕

横浜　〈PL／投手稲田→上重〉8番佐藤は遊ゴロ。9番松本は空振り三振。1番小池は二飛。

PL　〈横浜／左翼堀→柴〉2番井関は二ゴロ。3番本橋は四球。4番古畑は左飛。5番大西は右前安打で、2死一、二塁。6番三垣は左前適時打で本橋が生還、5対4と再び1点勝ち越し。7番石橋は見逃し三振。

PL学園　　横　浜

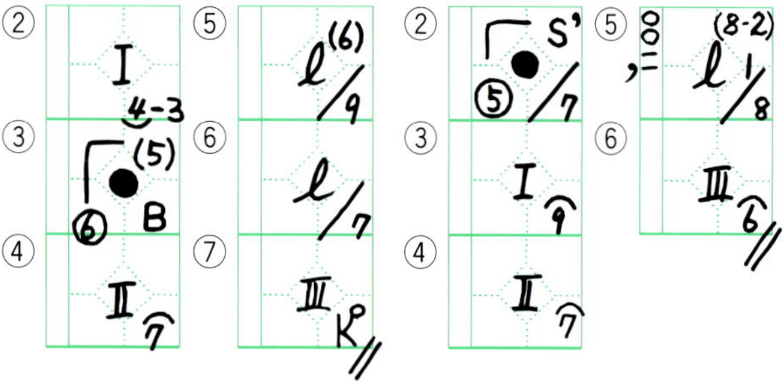

試合経過

〔8回〕

横浜　2番加藤は左前安打。3番後藤は右飛。4番松坂は左飛。5番小山の4球目に加藤が二盗成功。小山の中前安打で加藤が生還し、再び5対5の同点とする。小山は中堅の本塁送球間に二塁へ。〈PL／捕手石橋→田中雅※本塁のクロスプレーで負傷退場により〉6番柴は遊飛。

PL　8番上重は三ゴロ。9番松丸は死球。1番田中一が三遊間突破の左前安打で、1死一、二塁。2番井関の代打平石は空振り三振。3番本橋は中飛。

ポイント

送球間の進塁は送球順序を（　）でとじる〔8回〕

送球間の進塁は、送球経緯がわかるよう送球順序を記入し（　）でとじる。8回表、横浜。2死二塁から中前安打

9回

ＰＬ学園　横　浜　ＰＬ学園

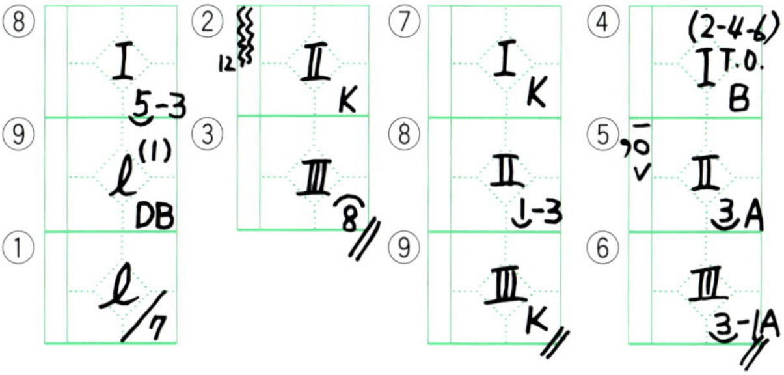

を放った５番小山は、中堅からのバックホームの間に二塁へ進んだ。よって（８－２）と二塁のマス目に書く。連続プレーだから「－」でつなぐ。11回の６番堀も同じケース。アウトの場合は「→」で。

試合経過

〔９回〕

横浜　〈ＰＬ／右翼井関の代打平石→右翼〉７番斎藤は空振り三振。８番佐藤は投ゴロ。９番松本は空振り三振で３者凡退。

ＰＬ　〈横浜／三塁山野井→斎藤清〉４番古畑は四球。５番大西の２球目に捕手が一塁けん制、一塁走者古畑が誘い出され、一、二塁間でタッチアウト（捕手→一塁ベースカバーの二塁手→遊撃手）。大西は一ゴロ。６番三垣も一ゴロ。結果的に３者凡退で延長戦へ。

10回

横　浜　　　PL学園

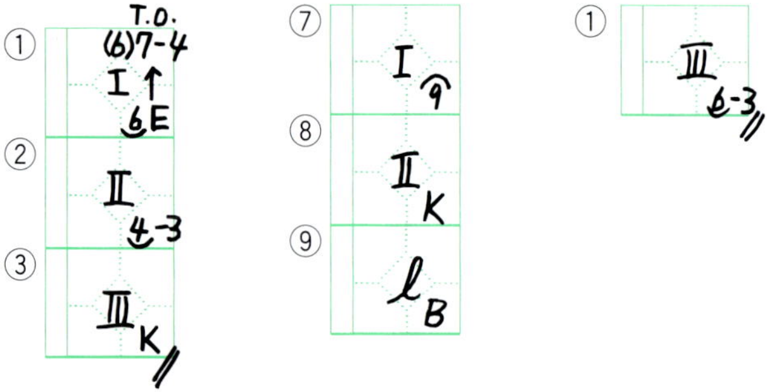

ポイント

走者が先の塁へ向かえば、盗塁死〔9回〕

再び盗塁死。9回裏、PL学園。一塁走者古畑に捕手が一塁へけん制。古畑はそのまま二塁へ向かうが、二塁カバーに入った遊撃手に転送されタッチアウト。捕手のけん制球だから「けん制死」と考えがちだが、日本の規約では、走者が二塁に向かったため「盗塁死」となる。

試合経過

〔10回〕

横浜　1番小池は遊ゴロ失策、ボールが外野へ抜ける間に小池は二塁を突くが、左翼手の返球にタッチアウト。2番加藤は二ゴロ。3番後藤は空振り三振。

PL　7番田中雅は右飛。8番上重は空振り三振。9番松丸は四球。1番田中一は遊ゴロ。

11回

横　浜　　　　ＰＬ学園

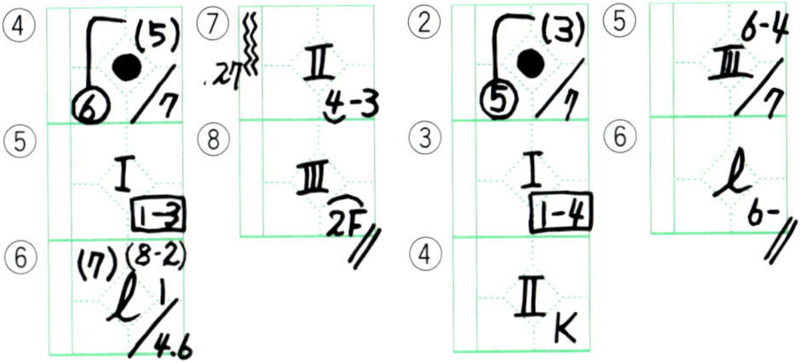

ポイント

失策ー刺殺の珍しいケース〔10回〕

10回表、横浜。１番小池は遊ゴロ失策。ボールが左翼に抜ける間に小池が一塁を回り二塁を狙うが、左翼手から二塁手に転送されタッチアウト。ここは７－４でも構わないが、(６)７－４とすれば、わかりやすい。連続プレーだから→でつなぐ。

試合経過

〔11回〕

横浜　４番松坂は左前安打。５番小山は投前犠打、松坂は二進。６番柴は中前適時打、松坂が生還し６対５。この試合初めて１点勝ち越し。柴は中堅の本塁送球間に二進。７番斎藤清の代打常盤は二ゴロで、柴は三進。８番佐藤は捕邪飛。

12回

13回

横　浜　　ＰＬ学園　　横　浜

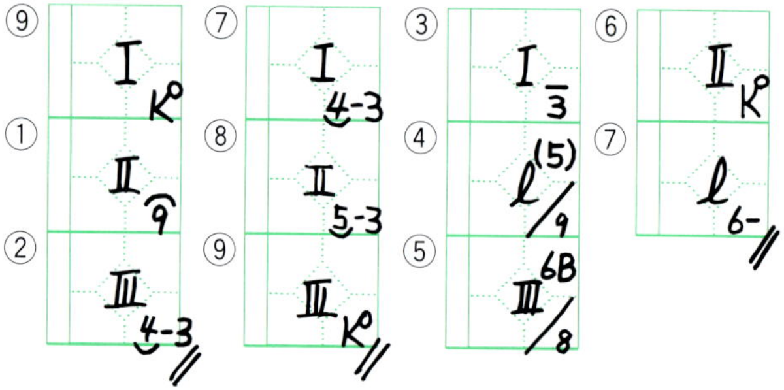

ＰＬ　〈横浜／三塁斎藤清の代打常盤→三塁常盤〉 2番平石は左前安打。3番本橋が投前犠打、平石は二進。4番古畑は空振り三振。5番大西は左前適時打で平石が生還、6対6と3度目の同点とする。6番三垣の遊ゴロで一塁走者大西が二塁封殺。

〔12回〕

横浜　9番松本は見逃し三振。1番小池は右飛。2番加藤は二ゴロで3者凡退。

ＰＬ　7番田中雅は二ゴロ。8番上重は三ゴロ。9番松丸は見逃し三振で3者凡退。

14回

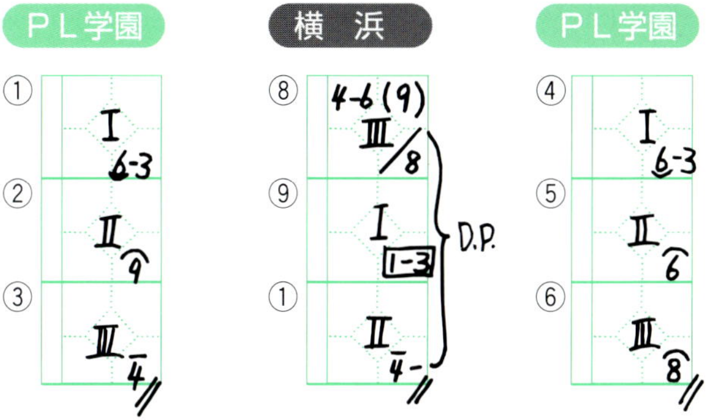

〔13回〕

横浜　3番後藤は一直。4番松坂は右前安打。5番小山は中前安打で、1死一、二塁。6番柴は見逃し三振。7番常盤は遊ゴロ、一塁走者小山が二塁封殺。

ＰＬ　1番田中一は遊ゴロ。2番平石は右飛。3番本橋は二直。

〔14回〕

横浜　8番佐藤は中前安打。9番松本は投前犠打、佐藤が二進。1番小池は二直、二塁走者佐藤が飛び出し併殺。

ＰＬ　4番古畑は遊ゴロ。5番大西は遊飛。6番三垣は中飛。

15回

横　浜　　　PL学園

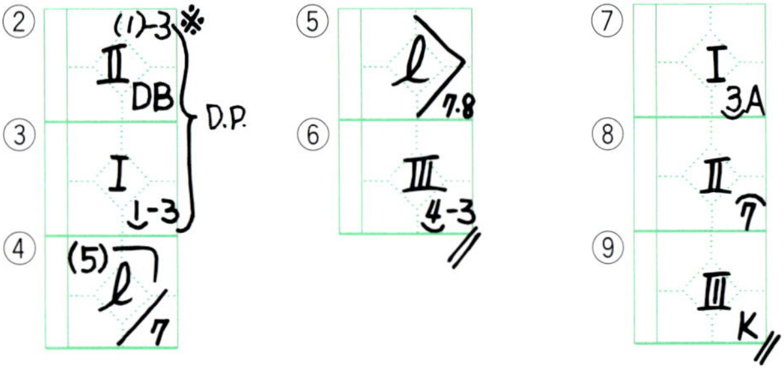

試合経過

〔15回〕

横浜　2番加藤は死球。3番後藤の送りバントは投前の小飛球、結果的に投ゴロとなり、一塁走者加藤は飛球と判断し走らず併殺。4番松坂が三遊間突破の左前安打。5番小山は左中間二塁打で、2死二、三塁と勝ち越しのチャンス。6番柴は二ゴロ。

PL　7番田中雅は一ゴロ。8番上重は左飛。9番松丸は空振り三振で3者凡退。

16回

横浜　　PL学園

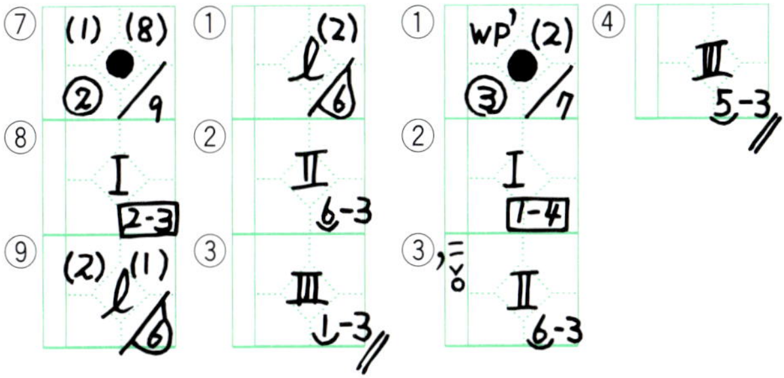

試合経過

〔16回〕

横浜　7番常盤は一、二塁間突破の右前安打。8番佐藤は捕犠打、常盤は二進。9番松本は遊撃内野安打、二塁走者佐藤はそのまま動けず。1番小池も遊撃内野安打で、1死満塁と勝ち越しのチャンス。2番加藤の遊ゴロの間に常盤が好走して生還、7対6と2度目の勝ち越し。3番後藤は投ゴロ。

PL　1番田中一は三遊間突破の左前安打。2番平石は投犠打で、田中一は二進。3番本橋の2球目に投手松坂が暴投、田中一は三進。本橋の遊ゴロの間に田中一が生還し7対7。この試合4度目の同点に。4番古畑は三ゴロ。

17回

横　浜　　　　　　　　　　　　ＰＬ学園

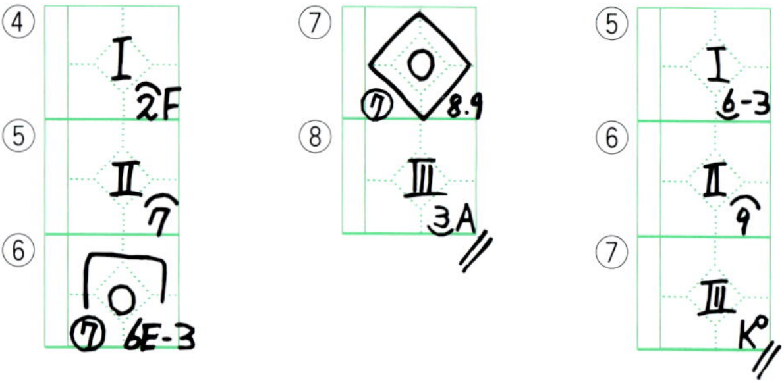

試合経過

〔17回〕

横浜　4番松坂は捕邪飛。5番小山は左飛。6番柴の遊ゴロを遊撃手が一塁へ悪送球。2死一塁。7番常盤は右中間に2点本塁打で、9対7。横浜は3度目の勝ち越し。8番佐藤は一ゴロ。

ＰＬ　5番大西は遊ゴロ。6番三垣は右飛。7番田中雅は見逃し三振でゲームセット。

ポイント

自責点にならないホームラン〔17回〕

17回表、横浜。7番常盤の劇的な決勝2ラン。しかしこれは投手の自責点にならない。2死後、遊ゴロ失策があり、もしこの失策がなければ、3アウトとなり、7番の打席は想定されないから。得点は○となる。

●プロ野球式との比較

プロ野球の公式記録員は、「プロ野球式」と言われる独自のスコアの記入法をとっています。では、「一般式」とどこがどう違うのか。主な要点を説明しておきましょう。

①スコアのマスの使い方が違う

「一般式」では、右下が一塁で右上が二塁、左上が三塁、左下が本塁なのに対し、「プロ野球式」は右下が本塁、右上が一塁、左上が二塁、左下が三塁となっています。また、ボールカウント欄は上に横書きするようになっていて、打者、走者の交代欄が左横に縦にあります（図１）。

②安打の記号は ＜

表１が主なケースの記入例です。

大きく異なるのは、ヒットのつけ方。単打でも長打でも、すべて ＜ で統一されています。マスの上半分を使って記入します。長打の場合は、その下に二塁打なら２、三塁打なら３、本塁打ならＨと書きます。打球方向は、飛んだ位置に、フライなら○、ライナーなら△、ゴロなら・で示します。

③打者はアルファベットで表す

また、打順を１～９の数字ではなく、ａ～ｉのアルファベットの小文字で示すのも特徴的です。走者が進塁したら、要因となった打者の打順を、ａ、ｂ、ｃ……と進塁したマスに書きます。打点がつく場合は、○で囲むのは同じです。

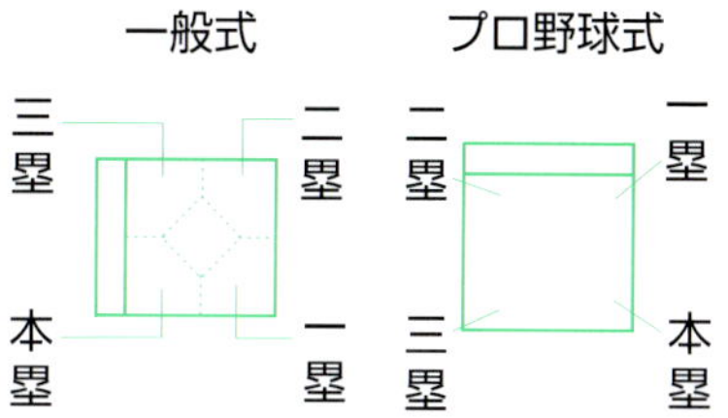

④自責点はⒺ

得点をマスの中央に書くのは同じですが、自責点の場合はⒺと書きます。非自責点の場合は○で、これは一般式と同じです。また、残塁はℓで同じですが、記入する場所は中央でも右下でもいいことになっています。

⑤ゴロの‿、フライの⌒はつけない

ゴロやフライには、一般式のように、‿や⌒はつけません。ゴロはそのままポジション数字を書くだけで、フライはＦ、ライナーはＬで表します。二ゴロなら４－３、中飛ならＦ８、捕邪飛ならＦＦ２、三直ならＬ５という具合です。

⑥三振はＳＯ、盗塁は○、失策は❜

三振はＳＯを用い、その下に捕手の刺殺を示す－２と記入します。盗塁はＳではなく、○です。Ｓのほうがわかりやすいですが、なぜか、昔からの慣例です。失策はＥでなく、❜をポジション数字に加えるだけ。暴投もＷＰでなくＷ'、捕逸もＰＢではなくＰ'となります。

⑦アウトカウントは１、２、３

そうした凡打はマスの中央に記入します。横線を引いた下に、アウトカウントをⅠ、Ⅱ、Ⅲでなく、数字（１、２、３）で書きます。例えば、遊ゴロで２死になった場合は、$\frac{6-3}{2}$三振で３アウトになった場合は$\frac{\text{SO}\\-2}{2}$という具合です。

ボールカウントの記号は、15頁を参照して下さい。

基本的な違いは、以上です。

では、実戦例をもとにポイントを挙げてみます。もしかしたら、読者の中には「将来はプロ野球の公式記録員になりたい」と思っている方がいるかも知れません。「プロ野球式」の記入、解読が出来れば、一歩前進です。

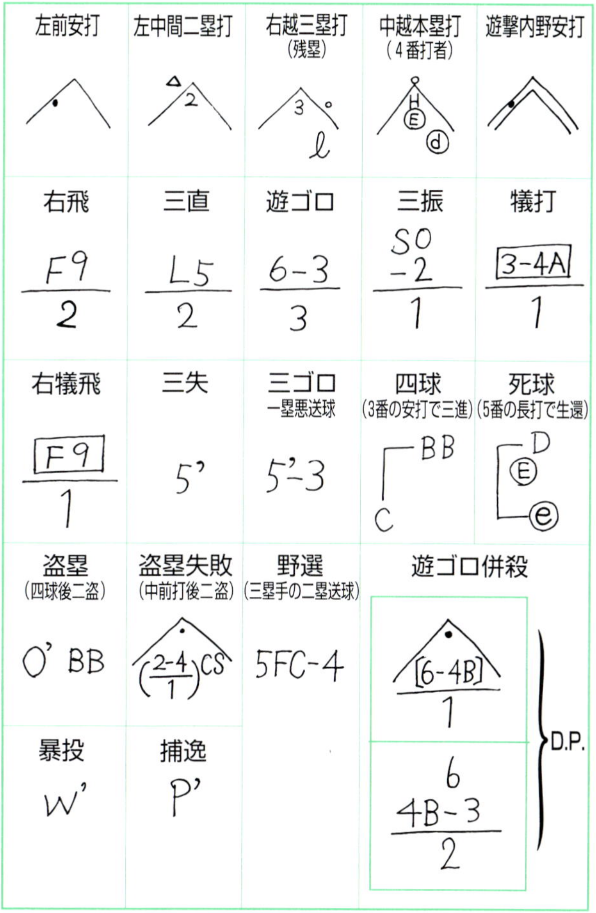
左前安打
左中間二塁打
右越三塁打
（残塁）
中越本塁打
（4番打者）
遊撃内野安打
右飛
三直
遊ゴロ
三振
犠打
右犠飛
三失
三ゴロ
一塁悪送球
四球
（3番の安打で三進）
死球
（5番の長打で生還）
盗塁
（四球後二盗）
盗塁失敗
（中前打後二盗）
野選
（三塁手の二塁送球）
遊ゴロ併殺
D.P.
暴投
捕逸

④イチロー３三振！　怪物VS天才初対決
――西武ライオンズvsオリックス・ブルーウェーブ
(1999年５月16日、西武ドーム)

1999年 5月 16日	試合開始 13時00分	球場状態		オリックス ブルーウェーブ 対 西武 ライオンズ	主審	桃井	線審	㊧	放送者	
〔球場〕西武ドーム	試合終了 16時16分	天候・風向			塁審	① 佐藤 ② 村越 ③ 山本		㊨	記録者	
	所要時間 3時間16分	観衆	59000							

刺殺	補殺	失策	併殺	打順	シート 先発	先攻 ブルーウェーブ	1	2	3	4	5	6	7	8	9	10	11	12	13	打席数	打数	得点	単打	二塁打	三塁打	本塁打	塁打数	得点打	盗塁	盗塁刺	犠打	犠飛	四死球	三振	残塁
1	1	0	0	1	8 3	谷	I 9		(2) l 4-		l S' 6-			I 9						4	4								1						2
1	1	0	0	2	7	松元	II K		l WP' /8		III K //			II K						4	4		1				1							3	1
1	0	0	0	3	9	イチロー	III K //		III K //			I K		l (4) B						4	3												1	3	1
7	0	0	1	4	3	藤井		I K		I 2		II K		l B						4	3												1	2	
				14	PR 8	森勢							14																						1
—				5	DH	ゴンザレス		II K		II K		l /3		III 9 //						4	4		1				1							2	1
1	2	0	0	6	5	佐竹		l S' /8		III 7 //		III K //			I K					4	4		1				1							2	1
4	3	0	1	7	4	田口		III K //			(1) l (9) 4E-3		I 3		II 6-3					4	4													1	1
5	2	0	0	8	2	日高			I K		I 4F		II 8		III 5 //					3	3													1	
—				18	PH	五十嵐								18						1	1														
3	5	0	1	9	6	塩崎			II B 4-6B		II B 6-4		III 2F //							3	1												2		
				19																															
0	2	0	0	29		高橋(功)																													
0	0	0	0	39		マーク																													
0	0	0	0	49		小倉																													
1	0	0	0	59		徳元																													
24	16	0	3 (1)	合計		安打 / 四死球 / 失策	0 0 0	1 0 0	1 1 0	0 0 0	0 1 1	1 0 0	0 0 0	0 2 0	0 0 0					35	31	0	3	0	0	0	3	0	1	0	0	0	4	14	8
						得点	0	0	0	0	0	0	0	0	0																				
						投球数	15	21/36	19/55	8/63	23/86	19/105	11/116	25/141	13																				

3回表 ,011001 ; 4回 ,1⊕<<<⊕ ; 7回表 ,0<<<11<0 ; 8回 PR 14 / PH 18 ; 9回 ～～ 西崎

	氏名	勝負	セーブ	投球回数	打者	打数	投球数	安打	本塁打	犠打	犠飛	四球	死球	三振	暴投	ボーク	失点	自責点
先発	高橋(功)	●		2 1/3	11	9	41	3	0	1	0	1	0	1	0	0	2	2
2	マーク			0/3	2	1	7	1	0	0	0	1	0	0	0	0	0	0
3	小倉			3 2/3	13	12	51	2	0	0	0	1	0	3	0	0	0	0
4	水尾			1/3	2	0	5	0	0	1	0	1	0	0	0	0	0	0
5	徳元			1 2/3	5	3	28	0	0	0	0	2	0	1	0	0	0	0
6				/3														

捕手 氏名	逸球	打撃妨害	許盗塁	盗塁刺
日高				

長打 氏名	二塁打	三塁打	本塁打

チーム名	(監督名)	1	2	3	4	5	6	7	8	9	10	11	12	13	合計
ブルーウェーブ	仰木	0	0	0	0	0	0	0	0	0					0
ライオンズ	東尾	0	1	1	0	0	0	0	0	X					2

記事：ルーキー松坂が初対決となったイチローから3連続三振を奪った。8回を投げ3安打0封。13奪三振は自己最多で高卒新人としては12年ぶり。

No.

刺殺	補殺	失策	併殺	打順	シート(先発)	後攻 ライオンズ	1	2	3	4	5	6	7	8	9	10	11	12	13	打席数	打数	得点	単打	二塁打	三塁打	本塁打	塁打数	得点打	盗塁	盗塁刺	犠打	犠飛	四死球	三振	残塁
1	2	0	0	1	6	松井	I 1-4-3		④ ● B (2)		I 5-3		徳元 ℓ (2) *B							4	×	/											×		/
				11																															
				21																															
1	0	0	0	2	9	小関	II K		I マーク 1-4A		ℓ B.H ③	22 12	II B 4-6 D.P.							3	×		/				/				/			/	/
				12	PH	田辺														0															
0	0	0	0	22	PH 8	大友														1													/		
				3	PH	ジンター	III ⑧ //		(5) ℓ (4) B		II K		III (4)6-3							4	×												/	/	/
				13																															
				23																															
0	0	0	0	4	5	鈴木		I 4-3	II 6-4 /8 小倉		III 6-3 //		14	CS I (2-6B) B						4	×		/				/	/					/		
0	0	0	0	14	PR 7	柴田																								/					
				24																															
1	0	0	0	5	7	垣内		II ⑦	ℓ 6-			I 6		15 III 3-1A						3	×														/
1	0	0	0	15	PH 5	上田														1	/														
				25																															
3	0	0	0	6	8 9	大塚		⑧ ● /8 (7)	III K //			7-6-5 II 7		III K //						4	×	/	/	/			×							×	
				16																															
				26																															
2	0	0	0	7	3	高木(大)		ℓ (8) ④		I K		III 5-3 //								3	×		/				/							/	/
				17																															
				27																															
16	0	0	0	8	2	中島		ℓ /8		II 9			(2) ℓ (9) B							3	×		/				/	/				/			×
				18																															
				28																															
2	1	1	0	9	4	高木(浩)		III ④ //		III 6-3 //			水尾 I 2-4A							3	×										/				
				19																															
				29																															
				39																															
0	0	0	0	49		松坂																													
0	0	0	0	59		西崎																													
27	3	1	0	合計		安 四死球 失策	0 0 0	3 0 0	1 2 0	0 0 0	1 0 0	1 0 0	0 3 0	0 1 0							25	2	5	1	0	0	7	2	0	1	2	0	6	5	7
						得点	0	1	1	0	0	0	0	0	X																				
						投球数																													

投手	氏名	勝負	セーブ	投球回数	打者	打数	投球数	安打	本塁打	犠打	犠飛	四球	死球	三振	暴投	ボーク	失点	自責点
先発	松坂	○		8 /3	32	28	141	3	0	0	0	4	0	13	1	0	0	0
2	西崎		□	1 /3	3	2	13	0	0	0	0	0	0	1	0	0	0	0
3				/3														
4				/3														
5				/3														
6				/3														

捕手 氏名	逸球	打撃妨害	許盗塁	盗塁刺
中島			2	

長打	二塁打	三塁打	本塁打
氏名	大塚(6回)		

1999年 5月 16日 (日曜日) Blue Wave 対 Lions

天候 曇　観衆 50,000人

( )勝 ( )分 ( )勝　No. 9 試合　於 西武ドーム球場　球場状態

Blue Wave　First 攻撃

刺殺	補殺	失策	併殺	守位	打順	氏名	1	2	3	4	5	6	7	8	9	10	11	12
	0	0	0	8	a	谷	F9 / 1		┌4 b ℓ		O' 6 ℓ			F9 / 1				
0	1	0	0	3F														
1	1	0	0	7	b	松元	SO -2 / 2		W' ℓ		SO -2 / 3			SO -2 / 2				
1	0	0	0	9	c	イチロー	SO -2 / 3		SO -2 / 3			SO -2 / 1		d BB ℓ				
7	0	0	1	3	d	藤井		SO -2 / 1		F2 / 1		SO -2 / 2		§14 BB ℓ				
0	0	0	0	8E		嘉勢												
—				⑪	e	ゴンザレス		SO -2 / 2		SO -2 / 2		3 ℓ		F9 / 3				
1	2	0	0	5	f	佐竹		O' ℓ		F7 / 3		SO -2 / 3			SO -2 / 1			
4	3	0	1	4	g	田口		SO -2 / 3			i 4-3 a ℓ		F3 / 1		6-3 / 2			
5	2	0	0	2	h	日高			SO -2 / 1		FF4 / 1		F8 / 2		§18 F5 / 3			
—				G		五十嵐												
3	5	0	1	6	i	塩崎			BB [4-6B] 2		BB [6-4] 2		FF2 / 3					
0	2	0	0	1		高橋功												
0	0	0	0	1A		マーク												
0	0	0	0	1B		小倉												
0	0	0	0	1C		水尾												
1	0	0	0	1D		徳元												
24	16	0	3			合計 16人												

交代欄: 大友-CF　大塚-RF　西崎-P　上田-3B　柴田-LF

	1	2	3	4	5	6	7	8	9
安打/得点	0 0	1/1 0	1/2 0	0/2 0	0/2 0	1/3 0	0/3 0	0/3 0	0/3 0
[misc. counts]	0 0	0 0 0 0	1 1 0 0	1 0 0	1 2 1 1	0 2 0 1	0 2 0 1	0 2 0 1	1 3 0 1
投球数	15	21 36	19 55	8 63	23 86	19 105	11 116	25 141	§ 13

打席	打数	得点	安打計	二塁打	三塁打	本塁打	塁打数	得点打	盗塁	盗塁刺	犠打	犠飛	四球	死球	三振	併殺打	残塁
35	31	0	3	0	0	0	3	0	2	0	0	0	4	0	14	0	8

開始 1時 0分
終了 4時 16分
時間 3時 16分

球審 桃井
塁審 ① 佐藤 ② 村越 ③ 山本　㊧ ㊨

記録者

捕手逸球

打撃妨害出塁者

〔雑記〕

球場
於
No.
対

刺殺	補殺	失策	併殺	守位 備考	Lions Second 攻撃	1	2	3	4	5	6	7	8	9	10	11	12
1	2	0	0	6	a 松井	1-4-3 / 1		b BB Ⓔ		5-3 / 1		b (B) l					
1	0	0	0	9	b 小関	SO -2 / 2		[1-4A] / 1		BH 3-1A l		≷22≷12 BB [4-6B] / 2 D.P.					
				a	田辺												
0	0	0	0	8b	大友												
					c ジンター	F8 / 3		d BB e l		SO -2 / 2		4 6-3 / 3					
0	0	0	0	5	d 鈴木		4-3 / 1	[6-4] / 2 6		6-3 / 3			≷14 BB [2-6B] / 1				
0	0	0	0	7d	柴田												
1	0	0	0	7	e 垣内		F7 / 2	6 l			L6 / 1		≷15 3-1A / 2				
1	0	0	0	5e	上田												
1	0	0	0	8	f 大塚		8 Ⓔ	SO -2 / 3			7-6-5 / 2		SO -2 / 3				
2	0	0	0	9c													
2	0	0	0	3	g 高木大		4-3 l		SO -2 / 1		5-3 / 3						
16	0	0	0	2	h 田嶋		l		F9 / 2			i BB b l					
2	1	1	0	4	i 高木浩		F4 / 3		6-3 / 3			[2-4A] / 1					
0	0	0	0	1	松坂			⊗マーク-P ※小倉-P				⊗水尾-P ※徳元-P	谷-1B 嘉勢-CF				
0	0	0	0	15	西崎												
27	3	1	0	合計 15人		0 0	3/3 1	1/4 1	0/4 0	1/5 0	1/6 0	0/6 0	0/6 0	X			
					残塁 / 失策	2 0	1 3 0 0	2 5 0 0	1 6 0 0	2 8 0 0	3 11 0 0	3 14 0 0	2 16 0 0				
					投球数	13	18 31	12/41 ≷7≷5	10 15	14 29	13 42	9/51 ≷5≷9	19 28				

打席	打数	得点	安打計	二塁打	三塁打	本塁打	塁打数	得点打	盗塁	盗塁刺	犠打	犠飛	四球	死球	三振	併殺打	残塁
33	25	2	6	1	0	0	7	2	0	1	2	0	6	0	5	1	7

日 月 年

投球数	(B) 投手	勝敗	打者	打数	投球回	安打	本塁打	犠打	犠飛	四球	死球	三振	暴投	ボーク	失点	自責点
41	高橋功	L	11	9	2⅓	3	0	1	0	1	0	1	0	0	2	2
7	マーク	/	2	1	+	1	0	0	0	1	0	0	0	0	0	0
51	小倉	/	13	12	3⅔	2	0	0	0	1	0	3	0	0	0	0
5	水尾	/	2	0	⅓	0	0	1	0	*1	0	0	0	0	0	0
28	徳元	/	5	3	1⅔	0	0	0	0	2	0	1	0	0	0	0

所属	併殺数
BW	田口 塩崎 藤井

交代欄

A 3回 ⊗よりP	B 3回 ※よりP	C 7回 ⊗(ロ-リ)よりP
D 7回 ※よりP	E 8回 代走よりCF	F 8回 よりIB
G 9回 代打	H 回	I 回
J 回	K 回	L 回
M 回	N 回	O 回
a 7回 代打	b 7回 代打よりCF	c 8回 よりRF
d 8回 代走よりLF	e 8回 代打より3B	f 9回 よりP
g 回	h 回	i 回
j 回	k 回	l 回
m 回	n 回	o 回

投球数	(L) 投手	勝敗	打者	打数	投球回	安打	本塁打	犠打	犠飛	四球	死球	三振	暴投	ボーク	失点	自責点
141	松坂	W	32	28	8	3	0	0	0	4	0	13	1	0	0	0
13	西崎	S	3	3	1	0	0	0	0	0	0	1	0	0	0	0

オリックス	000	000	000	0
西　　武	011	000	00×	2

○松坂　3勝2敗　●高橋功　1敗〔S〕西崎　7S

実戦例は、1999年の西武対オリックスです。“怪物”松坂大輔投手（西武）と、“天才”イチロー選手（当時、オリックス）の初対戦。結果は3打席連続三振（1四球）と、松坂投手に軍配が挙がり、18歳のルーキーは「自信が確信に変わりました」という名言を吐いたのです。

三振の内訳は、第1打席カウント2－2から147kmの外角高めボール気味のストレートを空振り。第2打席は2－3から134kmのスライダーに全くタイミングが合わず、見逃し。第3打席は2－2からすっぽ抜け気味の136ｋｍのスライダーをカットしようとしたものの、空振り。全23球中バットに当てたのは、わずか5球。いずれもバックネットへのファウルで、球威に力負けしていたわけです。

この日、松坂投手は150km以上の速球が15球ありましたが、そのうち7球がイチロー選手に対してだったのも、本気の証でしょう。その後、3度目の対戦となった7月6日の試合で、イチロー選手は松坂投手から通算100号本塁打を放ち、意地を見せました。ファンも当人も楽しみにしていた2人の対戦が、イチロー選手のマリナーズ入団で見られなくなったのは寂しい限りです。

プロ野球式と一般式のスコアを対比してあります。何が違って、何が同じなのか。じっくり見ていけば、これまでのおさらいにもなるでしょう。

1回

オリックス　　　西　武

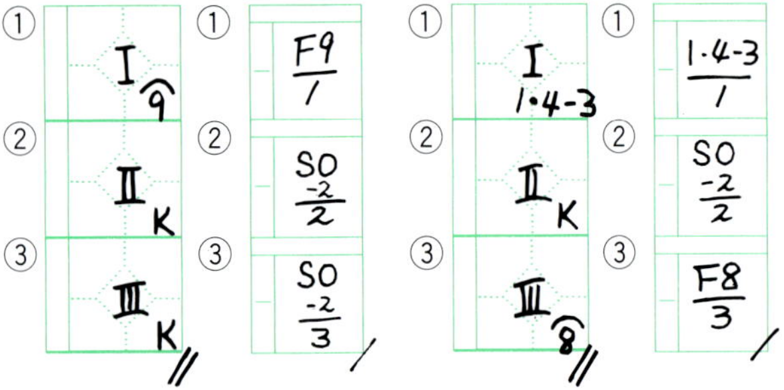

試合経過

〔1回〕

オリックス　1番谷は右飛。2番松元は154kmの速球で空振り三振。3番イチローも空振り三振。

西武　1番松井は投触二ゴロ。2番小関は空振り三振。3番ジンターは中飛。

ポイント

中央は、結果の下にアウトカウント〔1回〕

一般式では中央のマスにアウトカウント(I、II、III)を書くが、プロ式では数字(1、2、3)で、$\frac{1-3}{1}$ $\frac{F8}{2}$ $\frac{K}{3}$

と分数のように書く。

フライはF、ライナーはL〔1回〕

一般式では、フライは⌒、ライナーは￣だが、プロ式

2回

オリックス

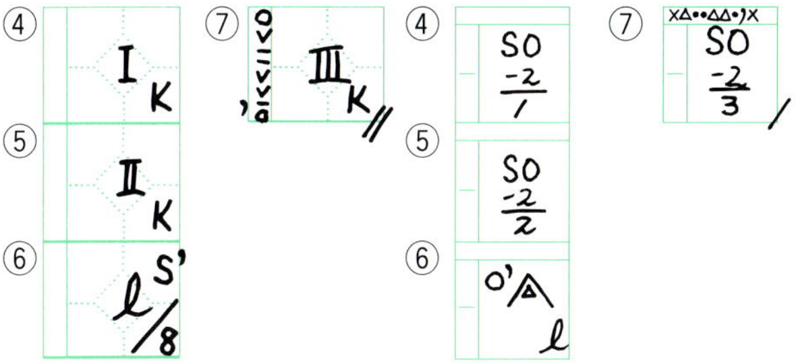

ではＦとＬで表す。ライトフライはＦ９だし、ライナーだったらＬ９となる。また、一般式で記すゴロ∪は、プロ式では記号は書かない。

三振はＳＯ（ストラックアウト）〔１回〕

三振はＳＯが基本。その下に－２とあるのは、捕手の刺殺を表す。

試合経過

〔２回〕

オリックス　４番藤井はスライダーを空振り三振。５番ゴンザレスは149kmの速球を空振り三振。６番佐竹は中前安打。７番田口の２－２からの７球目に、佐竹が二盗成功。田口はスライダーを空振り三振。

西武　４番鈴木が二ゴロ。５番垣内は左飛。６番大塚は中前安打。７番高木大は二塁へ内野安打で２死一、二塁。

西　武

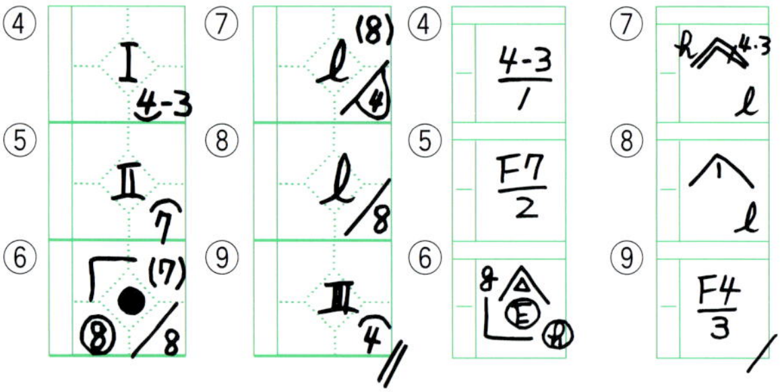

8番中嶋の中前安打で二塁走者大塚がホームイン。9番高木浩は二飛。

ポイント

盗塁は○'（マル）〔2回〕

盗塁はSではなく○'。

ヒットは ⌃、長打は数字を〔2回〕

ヒットはすべて ⌃ で表す。二塁打は ⌃2、三塁打は ⌃3、本塁打は ⌃H とそれぞれ中央に記す。

打球方向は・、○、△で〔2回〕

ヒットの打球方向は、打球性質を表す記号（ゴロ・、フライ○、ライナー△）を、飛んだ位置に記す。2回裏、西武の6番大塚は、ライナー性の中前安打。もし、ゴロで二遊間を抜けたなら •⌃、中越二塁打なら ○⌃2 となる。

内野安打は ⌃⌃〔2回〕

3回

オリックス

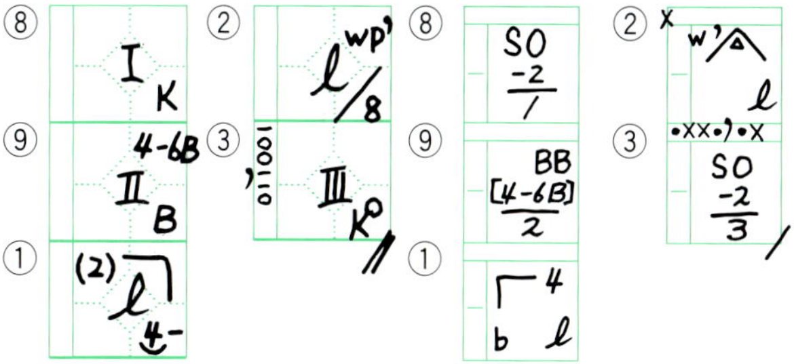

打球方向を記号で示すだけでは正確に位置がわかりにくいので、数字で補足しておくとよい。2回裏、ライオンズの7番高木大は、$^{4-3}$とあり、二塁内野安打を示す。

打順はアルファベット（小文字）で〔2回〕

進塁、あるいは得点した場合、その要因となる行為の打順は小文字のアルファベットで書く。1、2、3……は、a、b、c……となっている。

自責点は●でなく、Ⓔと書く〔2回〕

アーンドラン（Earned Run＝投手の自責点の意）の略。

残塁 ℓ は、中央か本塁のマスに〔2回〕

試合経過

〔3回〕

オリックス　8番日高は高めのスライダーを空振り三振。9番塩崎は四球。1番谷の二ゴロで塩崎が二塁封殺。2番

西　武

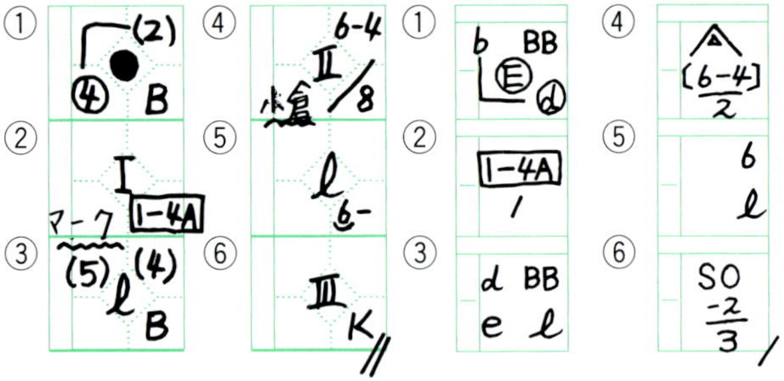

松元は145km の速球を中前安打し、谷は三塁へ。２死一、三塁で３番イチロー。４球目を松坂が暴投し松元が二進。イチローはスライダーを見逃し三振。

西武　１番松井が四球で出塁。２番小関の投前犠打で松井は二進。〈オリックス／投手高橋功→マーク〉３番ジンターは四球。４番鈴木は中前安打で二塁走者松井が生還。１死一、二塁。〈オリックス／投手マーク→小倉〉５番垣内は遊ゴロで鈴木が二塁封殺。走者一、三塁で６番大塚は空振り三振。

ポイント

四球はＢＢ〔３回〕

ベースオンボールズ（Base on Balls）の略。

封殺は〔　〕でとじる〔３回〕

走者が封殺された場合は、走者には送球順序を〔　〕で

4回

オリックス　　**西　武**

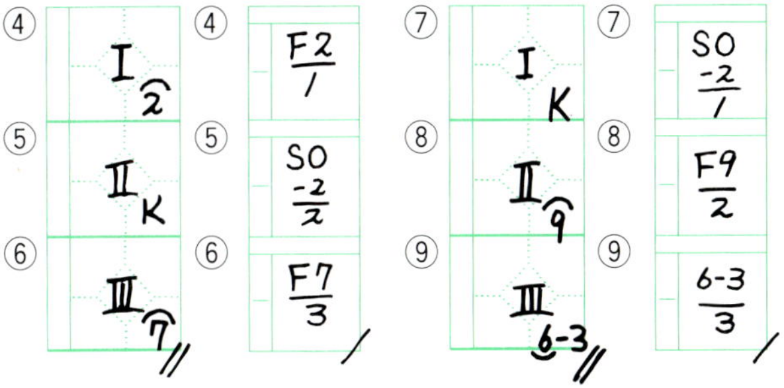

とじ、打者には打球の位置を記入。3回表オリックス、四球で出塁した9番塩崎が、1番谷の二ゴロで二塁封殺された場面。塩崎には〔4－6Ｂ〕、谷には4と記入する。〔　〕でとじるのは、ボールが転送されたことを示す。

暴投はW'でＯＫ〔３回〕

捕逸も同じでＰ'でよい。

犠打、犠飛は□囲み〔３回〕

一般式と同じ。

試合経過

〔4回〕

オリックス　4番藤井は初球146ｋｍの速球に詰まり捕飛。5番ゴンザレスは空振り三振。6番佐竹は初球を左飛。

西武　7番高木大は空振り三振。8番中嶋は右飛。9番高木浩は遊ゴロ。

オリックス

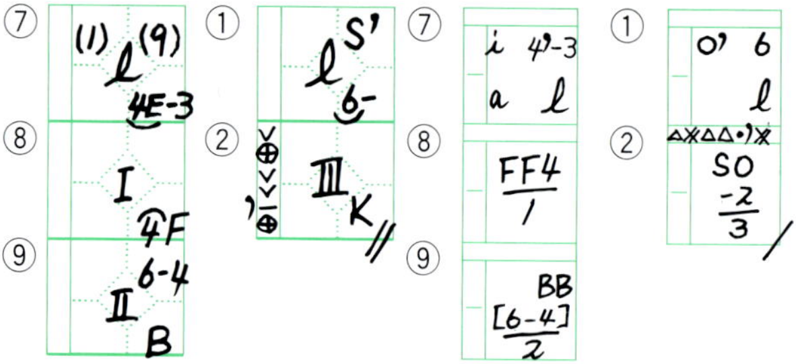

試合経過

〔5回〕

オリックス 7番田口は二塁手の悪送球で出塁。8番日高はバント2つファウルの後、149km の高めの速球を二邪飛。9番塩崎はストレートの四球。1番谷の遊ゴロで塩崎が二塁封殺、田口は三進。2番松元の5球目に谷が二盗、2死二、三塁。松元は148km の速球を空振り三振。

西武 1番松井が三ゴロ。2番小関は一塁へのバント安打。3番ジンターは空振り三振。4番鈴木は遊ゴロ。

ポイント

失策は、守備位置の右肩に ' をつける〔5回〕

一般式の失策はEだが、プロ野球式では、Eの代わりに' で表す。5回表、オリックス。7番田口の二ゴロを二塁手が一塁へ悪送球したことを示す（4'－3）。これが二塁手

西　武

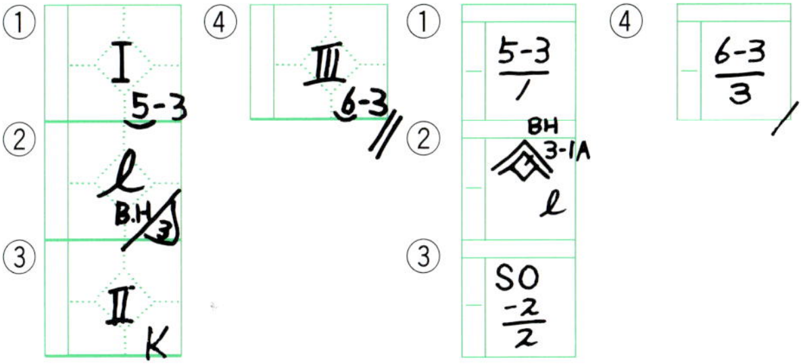

のファンブルやトンネルであれば4’だし、一塁手の捕球ミスであれば4－3’となる。

バント安打は︽とする〔5回〕

内野安打は︿だが、これがバント安打の場合は︽と囲み、BHと書いておけばさらに親切。5回裏、ライオンズの2番小関は、一塁側のセーフティバントを一塁手が捕りベースカバーの投手に送球したが間に合わず、内野安打となったことを示している。

ファウルフライはFF〔5回〕

フライをFで表すので、ファウルフライは当然、FFとなる。FF4は二塁ファウルフライのこと。

オリックス

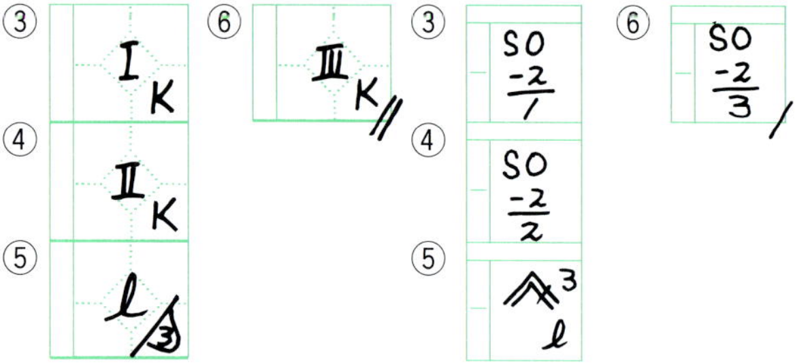

試合経過

〔6回〕

オリックス　3番イチローは151kmの内角高めボール気味の速球を空振り三振。4番藤井は低めのスライダーを空振り三振。5番ゴンザレスは一塁内野安打。6番佐竹はスライダーで空振り三振。

西武　5番垣内は遊直。6番大塚は左中間を破る長打で三塁を狙うが、左翼からの返球（左翼→遊撃→三塁）でタッチアウト。記録は二塁打。7番高木大は三ゴロ。

ポイント

送球間の進塁、アウトは送球順序を〔6回〕

これは一般式と同じ。連続プレーであれば、「－」か「→」でつなぐ。6回裏、ライオンズ。6番大塚はレフトの頭上を越えるヒット。二塁を回り三塁を狙うが、左翼－遊撃－

7回

西武　　オリックス

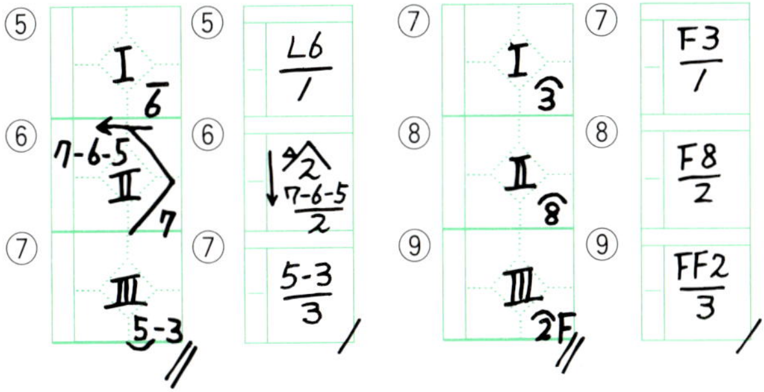

三塁と転送されタッチアウト、記録は二塁打というケース。7－6－5にアウトカウント、アウトになったので→で二塁と三塁をつなぐ。

試合経過

〔7回〕

オリックス　7番田口は速球に詰まり一飛。8番日高は中飛。9番塩崎は捕邪飛。

西武　8番中嶋は四球。〈オリックス／投手小倉→水尾〉9番高木浩は捕手前に送りバント成功。1死二塁で1番松井は敬遠。2番小関に代え代打田辺。〈オリックス／投手水尾→徳元〉西武は代打の代打大友が四球。3番ジンターは二ゴロ併殺打。

西　武

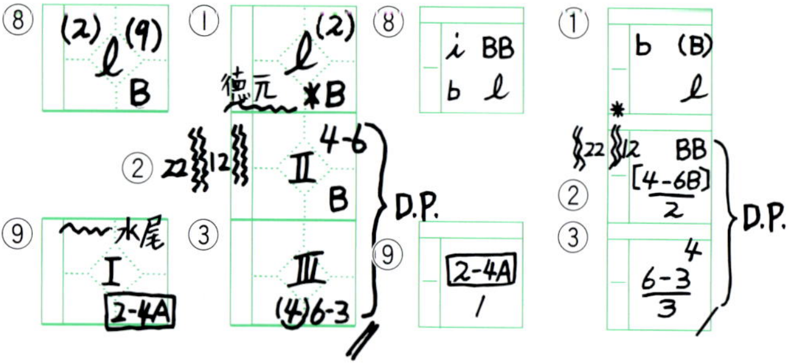

ポイント

代打は左側上に、代走は左側下に〔７回〕

代打、代走を ⦚ に数字でマスの左側に示すのは、一般式と同じ。ただ、公式記録の用紙では、代打を上半分に代走を下半分に記入するようになっている。ちなみに、７回裏のライオンズは、２番小関に代打田辺（12）を起用したが、投手が徳広に代わると、さらに代打の代打として大友（22）を起用したことを示す。

併殺も、送球順序を〔　〕でとじる〔７回〕

併殺打も基本的な考え方は一般式と同じ。走者のマスには、送球順序を〔　〕でとじる。７回裏、ライオンズ。１死満塁から３番ジンターは二ゴロ併殺。走者のマスに〔４－６Ｂ〕、打者には４　６－３と書き、｝Ｄ．Ｐ、でくくる。

8回

オリックス

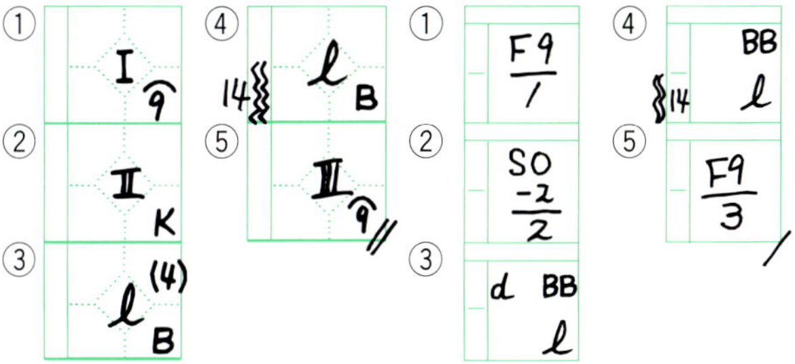

試合経過

〔8回〕

オリックス　〈西武／右翼小関の代打田辺の代打大友→中堅、中堅大塚→右翼〉1番谷は初球のスライダーを右飛。2番松元はファウルで粘ったが12球目の147kmの速球を空振り三振。3番イチローは1－3から151kmのストレートが内角低めに外れ四球。4番藤井も連続四球。藤井の代走に嘉勢。5番ゴンザレスは右飛。

西武　〈オリックス／一塁藤井の代走嘉勢→中堅、中堅谷→一塁〉4番鈴木は四球。代走に柴田。5番垣内の代打上田の初球、一塁走者の柴田が盗塁死。上田は一ゴロ。6番大塚は空振り三振。

ポイント

盗塁死は送球順序を（　）でとじる〔8回〕

9回

西　武

オリックス

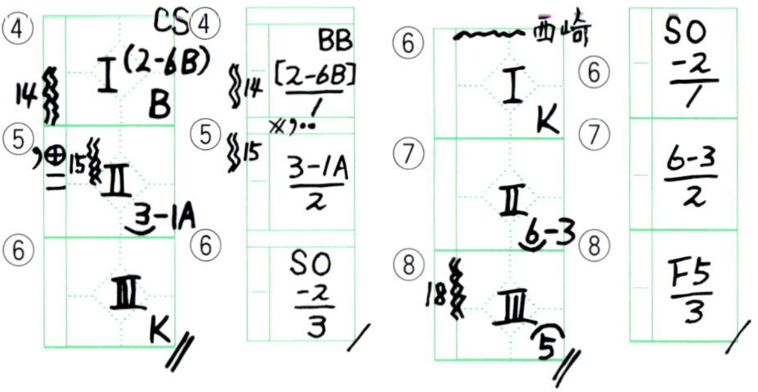

これも一般式と同じ。8回裏、ライオンズ。四球で出塁した4番鈴木の代走柴田（14）が二盗失敗した場面は、捕手から二塁に入った遊撃手に送球され、タッチアウトになったもの。（2－6B）となる。CS（コートスチーリング）と加えておけば、盗塁死であることは一目瞭然。

交代選手は「交代欄」に

プロ野球式のスコアにはイニングごとに選手交代を記入する「交代欄」があるので便利。

試合経過

〔9回〕

オリックス　〈西武／投手松坂→西崎、左翼垣内の代打上田→三塁、三塁鈴木の代走柴田→左翼〉6番佐竹は空振り三振。7番田口は遊ゴロ。8番日高の代打五十嵐は三飛で試合終了。

Special Seminar 1

2つの流派をもつ日本のスコアの歴史

市販のスコアブックを占める「一般式（原型は早稲田式）」と、プロ野球公式記録員が使う「プロ野球式(原型は慶応式)」。どちらも、試合の再現性に富んでいる。でも、狭い日本で野球の記録法が2つもあるのは、どうして？　というわけで、そのルーツを辿ってみよう。

●日本独自のスタイル

野球のスコアは日本独自の文化である……と言ったら驚く人もいるかも知れない。確かに、野球はアメリカから輸入されたもの。ルールも準拠している。正確には「独自の文化にまで高めてしまった」と言ったほうがいいかも知れない。

百聞は一見にしかず、で資料1をご覧あれ。これは、現在アメリカの球場で市販されているスコアシートの説明書き。見ての通り、シンプルイズベスト。記号は数字とアルファベットだけで、ゴロやフライの記号もアウトカウントもなく、ヒットは横線のみで表し、得点が自責か非自責かなんてお構いなし。そもそも投球欄がない。細かいことにはこだわらない、テーブルがつけられればＯＫって感じなのだ。野球も豪快なら、スコアも豪快。これもまた国民性と言える。

対して日本のスコアの緻密なこと。電気製品しかり、自動車しかり、輸入したものに改良を重ね、いつの間にか老舗を凌ぐいいものを作ってしまい経済大国になったお国柄が反映されているのか？　昔から日本の記者が渡米すると、現地の記者から「投球欄があるのは便利だ」とか、「ダイヤモンドに見立てたシートはグッドアイディア」とか、本塁打の記入を見て「OH！ジャパニーズフラッグ！」と感心されたり、書き方の教えを請われるという。

記者のつけ方も個人によって様々で、自由かつアバウト。なにしろ、公式記録員は各チームの元地元紙記者が勤めていて、日本のように統一した様式はない。ちなみに、韓国プロ野球では、日本の一般式に準拠している。

●不完全だった「一高式」スコア

日本のスコアが初めから詳しかったわけではない。文献を探してみると、あった、100年以上前のスコアが！　資料2は、1896年（明29）6月5日、当時一時代を築いていた第一高校と横浜外人チームの試合のもので、『ベースボール術』（高橋慶太郎編、同文館、明29）に掲載されている。「Table勝負表」というスコアは、○が得点、×がアウト（❜は一塁、❜❜は二塁、❜❜❜は三塁、Hは本塁）、Sが残塁（Standingの意）の3つの構成。安打や試合経過は不明で、得点表といった趣きだ。試合は32対9で一高が大勝。当時の野球が“点取りゲーム”だったことが忍ばれる。

では、誰がこれを考案したのか。翌年発行された『野球』（中馬庚著、前川文栄堂、明30）には、この形式に得点やアウトの結果（×だとピッチャーが一塁に投げてアウト＝投ゴロや、○だと四球で得点など）が加えられている。「新式採点表」というスコアは、一高野球部員だった草鹿砥祐吉氏が案出し同部で採用したもの、という記述がある。この「一高式」は徐々にバージョンアップされ、『新式ベースボール術』（高橋雄次郎著、四海堂、明31）にある「試合経過表」では簡単な投球が加わり、さらに『野球之友』（守山恒太郎著、

SAMPLE SCORESHEET

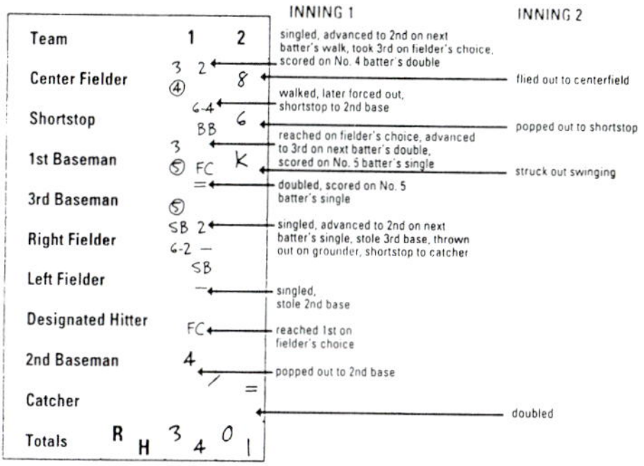
INNING 1
INNING 2
Team
1
2
Center Fielder
Shortstop
1st Baseman
3rd Baseman
Right Fielder
Left Fielder
Designated Hitter
2nd Baseman
Catcher
Totals
singled, advanced to 2nd on next batter's walk, took 3rd on fielder's choice, scored on No. 4 batter's double
flied out to centerfield
walked, later forced out, shortstop to 2nd base
popped out to shortstop
reached on fielder's choice, advanced to 3rd on next batter's double, scored on No. 5 batter's single
struck out swinging
doubled, scored on No. 5 batter's single
singled, advanced to 2nd on next batter's single, stole 3rd base, thrown out on grounder, shortstop to catcher
singled, stole 2nd base
reached 1st on fielder's choice
popped out to 2nd base
doubled

Number Players As Follows:
1 – Pitcher
2 – Catcher
3 – First Baseman
4 – Second Baseman
5 – Third Baseman
6 – Shortstop
7 – Left Fielder
8 – Center Fielder
9 – Right Fielder
DH – Designated Hitter (Used exclusively in the American League)

Symbols For Plays:
Single —
Double =
Triple ≡
Home Run ≣
Sacrifice – SH
Walk – BB
Strikeout – K
Balk – BK
Foul Fly – F
Fielder's Choice – FC
Hit By Pitch – HP
Wild Pitch – WP
Passed Ball – PB
Stolen Base – SB
Force Out – FO
Double Play – DP
Error – E
Sacrifice Fly – SF

Additional Symbols:
IBB – Intentional Walk
Ꭓ – Called out on strikes
L – Line Drive
B – Bunt
U – Unassisted

Seat	Innings / Names	I	II	III	IV	V	VI	VII	VIII	IX	Sum
SS	井原	○	×′		○	S	×′		○	×′	3
3B	村田	XF	×″		○		○×F		×′	○	3
1B	宮口	×	×‴		×′		○	○	○	○	4
LF	富永	○		○	×′		○	○	×″	○	5
P	青井	○		○		×′	○	×″	×′	×H	3
C	藤野	×′		×″		×	×′	○	S	○	2
2B	井上		○	×E		○	○	×′		○×′	4
RF	上村		○	×H		○	○	Q		○	5
CF	森脇		○		×′	×‴	○	×″		○	3
	Total	3	3	2	2	2	7	4	2	7	32

民友社、明36）の「採点記録法」では集計欄が加わっている。ただ、なぜかこの集計欄はＰＯ（刺殺）、Ａ（補殺）、Ｅ（失策）の３つだけで、打数や安打などはない。当時の一高が東京本郷実満津商店のスコアーブックを使っていたとあり、既にこのスコアは市販されていたようだ。

しかし、残念ながら、この「一高式」は不完全なものだった。その後、どのような経緯で現在の形になったのか。

●野球の伝来

野球発祥の地はアメリカ、ニューヨーク北西の片田舎クーパースタウンで、1839年、陸軍教官のアブナー・ダブルディにより始められた。1845年、アレクサンダー・カートライトが13カ条（15カ条説も）の最初のルールを作り、ニューヨークのニッカボッカー倶楽部で最初の試合を行う。ルールの下に試合を行うようになれば、スコアが必要になってくる。

1858年、当時、ニューヨークタイムズ初の野球専門記者、ヘンリー・チャドウィックが、最初のスコアを考案した。これはボックススコア（打数、得点、安打の原型となるもの）の形式。本場では、最初から、試合展開よりも個人記録を重視していたと言える。チャドウィックは同時に最初のルールブックも編纂、“野球の父”と讃えられ野球殿堂入りした。

1871年にメジャーリーグの元祖、シンシナティ・レッドスキングが誕生、1876年にナショナルリーグ、1900年にアメリカンリーグが結成され、1903年からワールドシリーズ開始——と、アメリカではプロ野球が華々しくスタートした頃、やっと、日本にも野球が伝えられる。

1873年に開成学校（現東京大学）の英語教師ホレス・ウィルソンが生徒に教えたとされているが、本格的な導入は1877

年、アメリカ留学帰りの平岡熙（ひろし）による。“日本野球の開祖”と言われる平岡は、アメリカで鉄道機関車製造を研究する傍ら、本場の野球を習得。帰国すると、勤務先の鉄道局新橋工場の人たちを集め野球を教え、日本初の野球チーム「新橋アスレチック倶楽部」を結成する。品川に本格的なホームグラウンドを作り、各地に誕生したクラブチームや学生らと試合を行い、野球が広まって行った。平岡はそうした功績が讃えられ、第１号の野球殿堂入りを果たしている。

1887年、新橋倶楽部は解散されるが、野球の灯は消えず、1885年に慶応義塾（以下慶大）に「三田ベースボール倶楽部」が誕生したのを皮切りに、駒場農学校（現東大農学部）、一致英和学院（現明治学院）、青山英和学校（現青山学院）、学習院……などでチームが組織され盛んに試合が行われ始めた。その中でひときわ強かったのが、一橋の高等中学校（一高）だった。

●早大の初の米国遠征でスコアも伝わる

その一高から日本野球の中心は大学野球に移った。1892年（明25）に慶大、1901年（明34）に早稲田（当時は東京専門学校、以下早大）で野球部を創部、1903年（明36）から早慶戦を開始する。その後、明治、法政が加わってリーグ戦が始まる。ただ、早慶戦は1906年（明39）の２回戦を最後に、両校応援団の対立が激しくなり中止され、1925年（大14）の東京六大学リーグ開始まで18年間も行われなかった。

そうした中、早大は1905年（明38）に初めてアメリカに遠征する。スタンフォード大学などと26戦７勝19敗と戦績は振るわなかったが、日本の野球の基礎となる多くの“土産”を持ち帰った。帰国直後対戦し５－０で勝利した慶大の野球部史には、次のような記述がある。「科学的野球技術輸入さる……新しい野球術を学んで科学的野球を輸入し、今日の盛大を見るに至ったことを思えば、この画期的米国遠征の意義は重大である。すなわち、打撃に重点をおく積極的攻撃法、バントの利用、投球術の妙諦——早大河野投手によりボディスウィングが初めて紹介されたが、当時これをアメリカンダンス、あるいはダンシングスローと呼ばれた——。団体的応援法、コーチャーの重大性、スコアブックの記入法、運動具の改善、審判法の改善（単審が複審となる）など根本的な革命がもたらされ、従来の原始的な「勢」と「力」の野球から、「理性」と「頭」の野球となったのである……」

この時、本場のスコアブックや記録法も持ち帰り、日本の記録法確立の大きなきっかけとなったのだ。

●「慶応式」と「早稲田式」が生まれた経緯

アメリカでは、まずルールが作られ、それに対応して記録法が出来た。日本も同じだ。野球が産声を上げたばかりの日本には、野球規則が確立されていなかった。厳密には、不完全なもので、全国的に解釈が統一されていなく、そのため、判定を巡り紛糾し試合が中止になることも少なくなかった。

そこで、日本で初めてアメリカの野球規則を翻訳、『現行野球規則』（野球界社、明43）という本にまとめたのが直木松太郎である。同時に、詳細な試合経過がわかる記録法を考案した。1888年（明治21）生まれの直木は、当時、慶大在学中で、野球部のマネジャー（記録係）だった。アメリカの方法と自らの経験から考案した独自の記録法は、その後、愛弟子の山内以九士に受け継がれ、山内がプロ野球の記録部に携わった（初代パ・リーグ記録部長）ことから、現在も、プロ野球の公式記録法として採用されているのだ。著書の序文で「完全なる野球の記録（レコード）を作成し、将来我球界の発達に資せんとすべきは、我が記録者の一大任務たるや云うを俟たず……（原文のママ）」と目的を述べているが、まさに、現在の野球の繁栄は、この直木が考案した記録法と切り離せないもの。“日本野球の記録の父”と言える直木は、母校の監督から、六大学リーグの規則委員として連盟特別規則を作成するなど、ルールの第一人者として活躍した。1947年（昭22）に死去後、1970年（昭45）に殿堂入りしている。

では、もう一つの“流派”「早稲田式」は、誰が考案したのか。「早稲田式」が初めて世に出たのは、早大野球部の監督だった飛田穂洲の著書『最新野球規則詳解』（忠文堂、大14）である。その中に次のような記述がある。「……さて記録の方式であるが、これは必ずしも一定されたものはない。勿論、大体に於いては統一されては居るようなものの記録者に依って多種多様である。以下私の述べんとするところのものは、私の先輩や旧友等が試みたものに私の創意を加へたもので、初心者の参考に供するに過ぎないのである……（原文のママ）」。飛田や、後に六大学リーグ公式記録委員を勤める太田四州らが、アメリカの手法や現行法に改良を加えたものと思われる。1886年（明19）生まれの飛田は、水戸中－早大と野球部で活躍。1919年（大８）に母校早大の初代監督となり黄金時代を築き、後に朝日新聞で野球記者として健筆を奮い、学生野球の基盤を作った人である。

「慶応式」も「早稲田式」も、アメリカのスコアをもとに改良したもの。にもかかわらず、「早稲田式」が一般に普及したのはなぜなのか。大正初期には、直木考案のスコアブック

「野球試合記録帖」が市販されてもいるのに、である。

●「早稲田式」の一般化はマスコミから？

1つのヒントはスタイルの違いにある。「プロ野球式」はかなり記号化されているのに対し、「一般式」は実際のグラウンドに近い視覚的なものになっている。どちらがわかりやすいかは意見がわかれるところだが、少なくとも、「一般式」のほうが取っつきやすいとは言えるだろう。

さらに、断言できるような資料もなく、ハッキリしたことはわからないが、当時の状況から次のようなもう1つの理由が推測される。

早慶戦が始まり、早大がアメリカ遠征した頃から、日本の新聞社も野球を報道するようになった。記者は記事を書くためにスコアをつけ始める。打数、得点、安打などを計算する必要もあった。記録する目的は、東京六大学リーグで公式記録部が出来てから「記録として残すこと」が大きくなるが、当初は記者が「自分でわかるため」につけ始めたのだ。さらに、当時の野球記者には、早大野球部出身者が多かった。つまり、マスコミで「早稲田式」が一般化され、六大学リーグの後に公式記録に着手した全国高校野球（甲子園大会）も準拠、やがて「早稲田式」が一般化されていった——。これは、あくまで1つの仮説である。「慶応式」「早稲田式」が確立された頃は、ちょうど早慶戦が中止されていた時期で、両校の対立が背景にあったのかも……まあ、理由はどうあれ、先人の残した偉業であることに変わりはない。（敬称略）

資料提供／野球体育博物館・宇佐美徹也氏、取材協力／大島信雄氏（評論家）相田暢一氏（早大野球部ＯＢ）松尾俊治氏（アマチュア野球評論家）、文／高川武将

PART 2

ザ・記録——ルールと数字の意義

●記録こそ、野球選手の誇り

記録の王、記憶の長嶋——。2000年、監督として初めて日本一を争った日本球界を代表するスーパースター２人の現役時代を評するとき、よくこんな言い方をします。最近では、「記録より記憶に残る選手になりたい」と、自ら言う選手もいるほど。しかし、「記録」か「記憶」かを、対比させることは、決して正しいとは言えません。

現役時代の王選手には756号を始め数々の劇的なホームランの「記憶」があり、長嶋選手にも４三振デビューから展覧試合のサヨナラ本塁打など、これも多くの特徴的な「記録」があります。野球の「記録」と「記憶」は区別するものではなく、表裏一体のもの。何らかの「記録」がなければ、「記憶」も残りません。野球選手にとって、「記録（数字）」こそが誇りなのです。

個人記録の集積がチームの記録となり、勝敗につながっていきます。

そこで、ここでは、スコアをつける上でも、野球を楽しむ上でも知っておかなければならない、いろいろな記録の「決まり」を、覚えておきましょう。特に複雑なケースは、スコアを使って説明します。ここでしっかり覚え、また、現場で困ったときは常に参考にしてください。

〔日本の公式記録〕

●投手　①試合数②完投③交代完了④試合当初⑤補回試合⑥無得点勝利⑦無四球試合⑧勝利⑨敗北⑩セーブ⑪セーブポイント⑫引き分け⑬勝率⑭打者数⑮打数⑯投球回数⑰被安打⑱本塁打⑲犠打⑳犠飛㉑四球㉒死球㉓三振㉔暴投㉕ボーク㉖失点㉗自責点㉘防御率

●打者　①試合②打席③打数④得点⑤安打⑥二塁打⑦三塁打⑧本塁打⑨塁打⑩打点⑪盗塁⑫盗塁刺⑬犠打⑭犠飛⑮四球⑯故意四球⑰死球⑱三振⑲併殺打⑳残塁㉑打率㉒長打率㉓出塁率

●守備　①参加人員②試合③守備機会④刺殺⑤補殺⑥失策⑦併殺⑧捕逸⑨守備率

〔個人タイトル〕

●記録で決定するもの　首位打者／本塁打王／打点王／盗塁王／最高出塁率／最多安打／最優秀防御率／最高勝率（パ・リーグ）／最多勝利／最優秀救援投手／奪三振王／優秀中継ぎ投手（セ・リーグ）／最多ホールド投手（パ・リーグ）／最多勝利打点（セ・リーグ）／ファイアマン賞

●記者投票や選考委員会、他で選出するもの　最優秀選手／最優秀新人／ベストナイン／最優秀投手(セ・リーグ)／ゴールデングラブ賞／沢村賞／正力松太郎賞／最優秀監督賞(セ・リーグ)／カムバック選手／優秀審判員賞(パ・リーグ)／月間優秀審判員賞(セ・リーグ)／ＭＥＰ賞(セ・リーグ)／ＩＢＭ最優秀選手／月間ＭＶＰ／月間シルバー賞（セ・リーグ）

※「得点圏打率」は、公式記録、個人タイトルに入っていないが重要なもの。スポーツ紙のテーブルなどで採用している「走塁死」も公式記録では除外されている。

※個人タイトルはセリーグとパリーグで若干異なり、投手の最高勝率はパリーグのみの表彰、最も優秀な中継ぎ投手を表彰する制度も違う。最高出塁率は以前は軽視されていて、パリーグは1962年から、セリーグは1967年から（1984年までは出塁数、1985年以降出塁率）表彰している。

1 スコアで覚える自責点

記録で最もやっかいなものは、ズバリ、「自責点」でしょう。失策がからんだり、次々と投手が交代したり……。「今のは誰の自責点になるんだ？」。専門家でも頭を抱えるシーンは珍しくありません。しかし、自責点は防御率にも関わり、いい加減には出来ません。大事なことは、その「基本的な考え方」を理解すること。ここでは、起こりうるケースを類型化して、スコアと共に説明します。

自責点の原則

“3アウトにできる守備機会をつかむ前に”以下の行為で「得点」した場合
——安打、犠牲バント、犠牲フライ、四死球（故意四球）、盗塁、野選、刺殺（ゴロ、フライ等）、ボーク、暴投（三振振り逃げを含む）

自責点とは、文字通り、投手が責任を持たなければならない得点のことです。

ここで、“アウトにできる守備機会”とは、「打者、走者を実際にアウトにした」場合と、「失策（または守備のミスプレー）でアウトにできなかった」場合のこと。失策も「アウトにできる機会」に数えられるわけです。

ですから、逆に言えば、“3アウトにできる機会を逸した後に”上記の行為で得点されても、自責点にはなりません。もし失策がなければ3アウトチェンジになっていた、という場面でタイムリーヒットが出ても、非自責点なわけです。

また、“本来なら３アウト目”となる犠牲バント、犠牲フライで得点しても、自責点にはならないのです。

事例

スコア①——ａが四球、ｂが犠打、１死二塁からｃの中安でａが得点。（自責点１）

スコア②——ａが四球、ｂが犠打、ｃが遊失、ｄは三失、１死満塁からｅの中安でａ、ｃが得点。（自責点なし）

スコア③——ａが四球、ｂは犠打、ｃが遊失、ｄは三振、ｅの右越本塁打で３点。（自責点なし）

スコア④——ａが四球、ｂが犠打、ｃは遊ゴロ－一失で出塁、ｄの左犠飛でａが得点。（自責点なし）

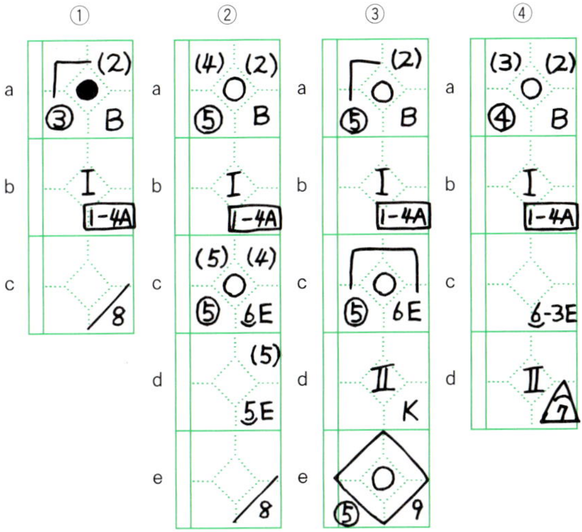

〔解説〕

スコア①は、自責点となる平凡なケースですね。②は、bの犠打、cの遊失、dの三失で「3アウトにできる機会」を逸してますから、以後の失点は自責点になりません。③も同じように「3アウトにできる機会を逸した後」に本塁打が飛び出しています。一見、本塁打の1点だけは自責点ではないかと思われるかも知れませんが、cの遊失がなければ、eの打席そのものが想定されませんから、自責点にはなりません。④は、bの犠打、cの一失に続きdの左犠飛が「3アウト目」になりますから、自責点にはなりません。

ONE POINT ADVICE

“2死後の失策”にこだわらない

「3アウトの機会を逸した後」の失点は自責点にならない。これが絶対の決まり。かつて、日本では「2死後の失策が出た後」の失点は自責点ではない、と解釈されていました。失策が2死後でも、1死後でも、最初でも問題ではなく、大事なことは「3アウトにできる機会」があったかどうかです。解釈の間違いは、1960年(昭和35)の東映戦で、近鉄のミケンズ投手の抗議で正されました。いわゆる“ミケンズ事件”です。状況は——1死後、四球、一ゴロ失策で一、三塁。二ゴロで一塁走者が二封の間に1人生還、次打者の2点本塁打で計3失点、自責は2——というもの。この場合、1死後、一失、二ゴロで「3アウトの機会を逸した後」の失点ですから、自責点は0です。パ・リーグ記録部は誤りに気づき、翌年からルール改正しました。当時、ミケンズは近鉄と「防御率によっていくら」という契約をしていて、さすがにルールには詳しかったのです。

アウトの機会の数え方

Ⅰ．アウトを1つに数えるケース
(1)ファウルフライ失策、妨害、捕手の第3ストライク目の後逸、野手の失策で一塁を得た場合
(2)ファウルフライ失策によって命拾いした打者がアウトになったか、または失策によって一塁に生きた場合
(3)併殺可能と予想された場合、野手の失策で最初のアウトを逃しただけでなく、次のアウトもできない場合
(4)失策で出塁した場合など、一度アウトの機会があった走者が、盗塁かこれに似かよった行為、または余塁を奪おうとしてアウトになったか、また失策で生きた場合
Ⅱ．アウトを2つに数えるケース
(1)失策などで一度アウトの機会のあった打者または走者が、他の打者の行為による野選で一塁を得たり、または失策のためにそのアウトを免れた場合
(2)失策などで一度アウトの機会のあった打者または走者が、他の打者と共に併殺になった場合

「アウトの機会」を数える際には、以上のような決まりがあります。単純に失策3つや、アウト2つに失策1つという場合は簡単ですが、失策に他のプレーが重なった場合、ややこしいケースがあります。

特にⅠの（2）、（3）、（4）は、アウトの機会が2度あったように見えますが、1度に数えます。Ⅱの（2）は、失策に併殺が重なり、アウトの機会が3度あったように見えますが、2つに数えます。

自責点にならないケース

(1)以下の行為で「得点」した場合

――失策、捕手または野手の妨害、走塁妨害、捕逸、ファウルフライ失策

(2)上記の行為で「出塁」した走者が得点した場合

事例 スコア⑤――aが四球、bが犠打、c、dと連続四球で1死満塁。eの三失でaが生還。(自責点なし)

スコア⑥――aが三失で出塁。bが犠打、c、dが連続四球、eの中安でaが生還。(自責点なし)

〔解説〕

失策や妨害による「得点」は、「3アウトの機会があったかどうかに関係なく」自責点になりません。また、失策や妨害で「出塁」した打者走者が、本来なら自責点になる安打や四球などの行為で「得点」しても、自責点にはなりません。

スコア⑤は三失による「得点」ですから非自責点。⑥は安打による「得点」で、通常なら自責点ですが、得点したaが三失で「出塁」した走者なので、自責点にはなりません。

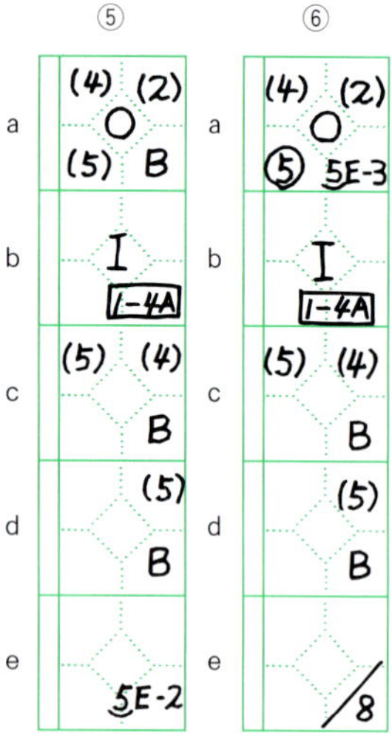

ミスプレーによる「進塁」がからんだ場合

安打や四死球などで「出塁」→失策や妨害などのミスプレーで「進塁」→安打や犠牲フライなどで「得点」のケースは、記録員の判断による。
(1)ミスプレーがなくても得点できた――自責点
(2)ミスプレーがなければ得点できなかった――非自責点

事例
スコア⑦――ａが中安、ｂが二失、ｃが四球で満塁。ｄの押し出し四球でａが生還。（自責点なし）
スコア⑧――ａが中安、ｂが二失、ｃが四球で満塁。ｄの二塁打で、ａ、ｂが生還。（自責点１）

〔解説〕
「ミスプレーがなかったら」と仮定して考えてみます。
スコア⑦と⑧は似ていますが、⑦のａは非自責点、⑧のａは自責点となります。⑦は“ｂの二失がなければ”ａはｃの四球で三進できず、ｄの四球で押し出しになることもない、という判断。⑧は“ｂの二失がなくても”ａはｃの四球で二進、ｅの二塁打で得点できる、と考えられます。ｂは失策で「出塁」した走者ですから、非自責点。要は、ミスプレーによる進塁がなくても、その後の「長打」で生還できる状況のときは、自責点となるわけです。

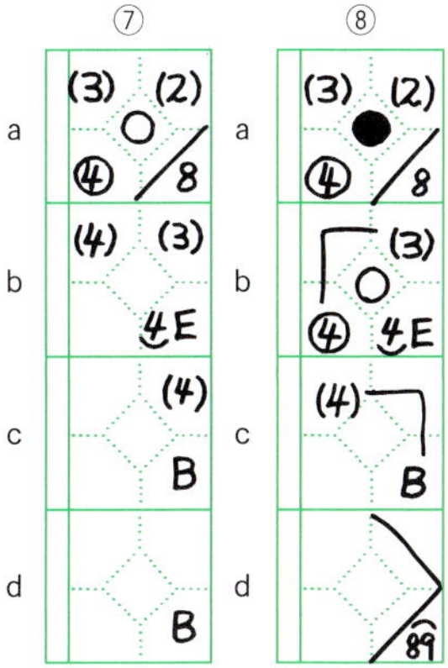

事例

スコア⑨——aが中安、bの打席のとき捕逸でaが二進。bの左安でaが生還。（自責点なし）
スコア⑩——aが中安、bの打席のとき捕逸でaが二進。bの三塁打でaが生還。（自責点）
スコア⑪——aが中安、bの打席のとき捕逸でaが二進。bは四球。cの左安でaが生還。（自責点）
スコア⑫——aが中安、bの打席のとき捕逸でaが二進。bは遊ゴロ。cの中安でaが生還。(自責点なし)
スコア⑬——aが中安、bの打席のとき捕逸でaが二進。bは遊ゴロ。cの三塁打でaが生還。（自責点）
スコア⑭——aが中安、bが二失。c、dと連続三振。eの三塁打でa、bが生還。（自責点なし）

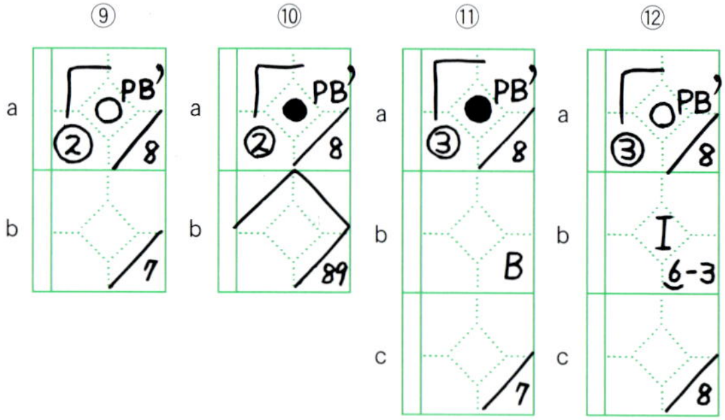

〔解説〕

スコア⑨を基本の形として、⑩～⑭はミスプレーがからんだケースの応用編です。それぞれ、ミスプレーがなければ得

⑬　⑭

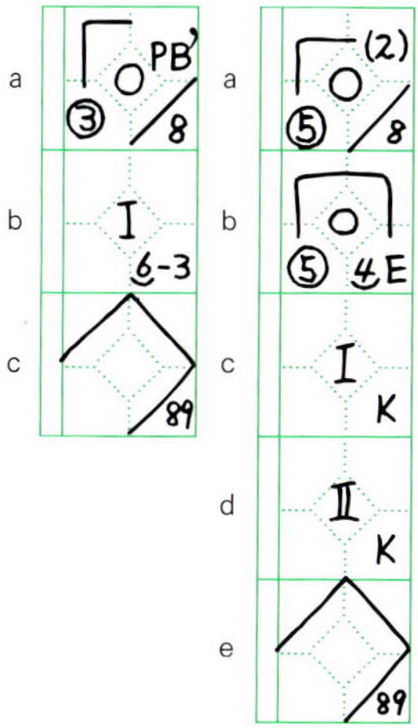

点できたかどうか、の判断基準が違います。

⑨は連続ヒットでも自責点にならないケース。aは捕逸がなければ二進できず、bの単打では得点できません。

⑩は「長打」が出て自責点になるケース。aは捕逸による進塁がなくても、bの三塁打なら生還できますから、自責点。

⑪はミスプレーがなくても進塁できたケース。単打による得点で⑨と似ていますが、捕逸がなくても、bの四球で二進できたと考えられますから、やっぱり自責点。

⑫はミスプレーがなければ進塁できないケース。⑪と似ていますが、bの遊ゴロでは進塁できたとみなしませんから、⑨と同じく捕逸がなければ得点できないので、非自責点。

⑬は、「長打」が出て自責点になるケース。⑫と似ていますが、捕逸がなくても、三塁打なら生還できますから、⑩と同様、自責点です。

⑭は、bの二失、c、dの三振で「3アウトの機会を逸した後」ですから、eに長打が出ても、eの打席自体が想定できないので、自責点にはなりません。

このように、ミスプレーによる進塁があった場合は、その後の展開によって、自責点か非自責点かが決まってきます。

イニング途中で投手交代したときの原則1
——前任投手の責任

走者を残したまま交代した場合、残した走者の「数」だけ前任投手の責任。「入れ替え」があっても同じ。

同じイニングで投手が交代した場合、誰に自責点がつくのかは、ケースによって違ってきます。

基本となるのは、「残した走者は前任投手が責任をもつ」ということ。ここで問題とするのは、走者の「数」であって、走者が「誰か、どこか」は関係ありません。例えば、救援投手に対した打者が内野ゴロ、残した走者が二封され、打者走者が一塁に残ったような場合、その打者走者は前任投手の責任です。走者の「入れ替え」があっただけで、「数」は変わらないからです。

事例

スコア⑮——aが四球〈投手がAからBに交代〉bは二ゴロでaが二進、cは左飛、dの右安でaが生還。（Aに失点1、自責点1）

スコア⑯——aが四球〈投手がAからBに交代〉bは三ゴロでaが二封。cは二ゴロでbが二進。dの右安でbが生還。（Aに失点1、自責点1）

スコア⑰——aが四球〈投手がAからBに交代〉bの右安で一、三塁。cの二ゴロでaが本塁アウト、bは二進。dが左飛。eの右安でbが生還。（Aに失点1、自責点1）

スコア⑱——aが四球〈投手がAからBに交代〉bが左安、cが四球で満塁。dの三ゴロでaが本塁アウト。eの右安でb、cが生還。（A、B共に失点1、自責

点１）
スコア⑲――ａが遊失〈投手がＡからＢに交代〉ｂが四球、ｃの投ゴロでａが三封。ｄが３点本塁打。（Ａに失点１、自責点なし、Ｂに失点２、自責点２）
スコア⑳――ａが四球〈投手がＡからＢに交代〉ｂが四球〈投手がＢからＣに交代〉ｃの遊ゴロでａが三封。ｄの投ゴロでｂが三封。ｅが３点本塁打。（Ａ、Ｂ、Ｃ、それぞれに失点１、自責点１）

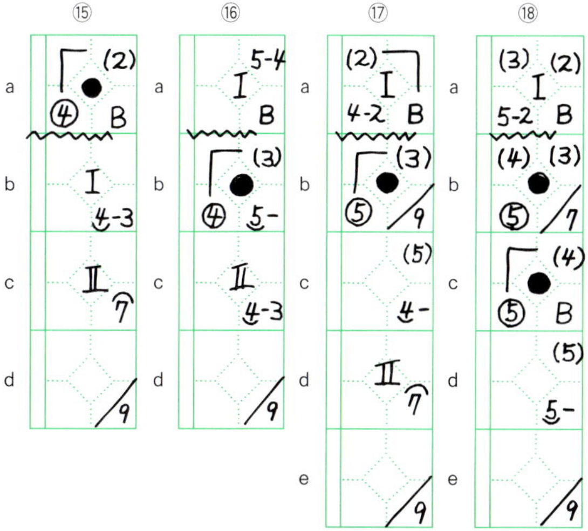

〔解説〕

スコア⑮は、最も単純なケース。Ａ投手が四球で残した走者がそのまま得点してますから、Ａ投手の責任です。

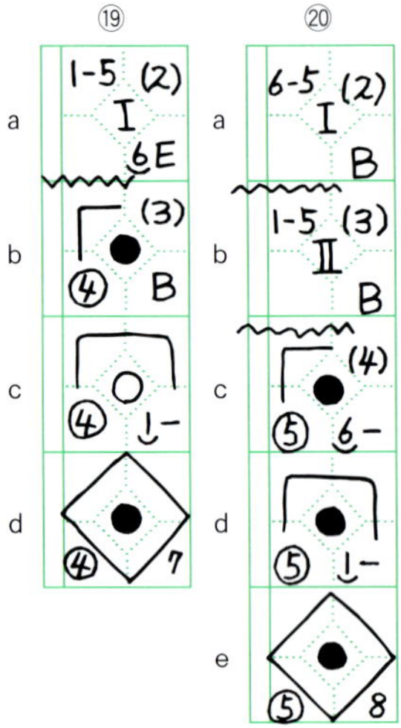

⑯、⑰は「走者の入れ替え」のケース。⑯は二塁で、⑰は本塁で、A投手の残した走者が封殺されても打者走者は残っているので「数」に変化なし。

同じ「走者の入れ替え」でも、少し複雑なケースが⑱～⑳です。⑱は、A投手が残した走者はdの三ゴロで本塁封殺され「入れ替え」がありますから、eの右安で得た2点のうち1点はA投手の自責点となるわけです。⑲は、A投手の残した走者はcの投ゴロで「入れ替え」がありますが、もともと三失で出塁しているので、非自責点、失点のみです。bの四球とdの本塁打はB投手の責任になります。⑳は、「入れ替え」が3投手にまたがったケースです。C投手は本塁打の1点だけ責任を負います。

ONE POINT ADVICE

防御率を押さえる秘策？　投手の失策

“自責点にならない”失策などのミスプレーに、暴投は含まれていませんが、投手の失策はこの中に含まれています。つまり、どうしても自責点を増やしたくなければ、投手自ら失策すればいい。一塁けん制悪送球で走者を進塁させたり、投ゴロを失策して3アウトの機会を逸したり……ルール上は、そんな“裏技”が通用してしまいます。

イニング途中で投手交代したときの原則２
——前任投手の責任がなくなるケース

(1)残された走者が、盗塁に類する行為または妨害など、打者の行為によらないでアウトになったとき
(2)残した走者が、救援投手と対した打者と共に併殺されたとき

ただし、残した走者が、盗塁死やけん制死、走塁死など打者と関係なく「走者自ら」アウトになった場合は、その分だけ「数」は減ります。また、併殺でアウトになった場合も「数」は減りますが、もし、２走者を残して、その２走者が併殺でアウトになった場合は、１つだけ減るという決まりになっています。

事例

スコア㉑——ａが四球〈投手がＡからＢに交代〉打者ｂのときａが二盗失敗。ｂが四球、ｃが左飛。ｄの二塁打でｂが生還。（Ａは失点、自責点共に０。Ｂに失点１、自責点１）

スコア㉒——ａが四球〈投手がＡからＢに交代〉ｂの右安でａは三塁を突くが送球アウト、ｂはその間に二進。ｃの中安でｂが生還。（Ａは失点、自責点共に０、Ｂに失点１、自責点１）

スコア㉓——ａが四球〈投手がＡからＢに交代〉ｂが四球で一、二塁。ｃが三ゴロ併殺打でａが三封、ｂは二進。ｄの中安でｂが生還。（Ａは失点、自責点共に０、Ｂに失点１、自責点１）

〔解説〕

㉑～㉓は、残した走者が打者に関係なくアウトになったので、A投手の責任がなくなり、B投手に自責点がつくケースです。㉑は打者bのとき、盗塁失敗、㉒はbの右安で三塁を狙うも好返球にタッチアウト、㉓は併殺という具合です。

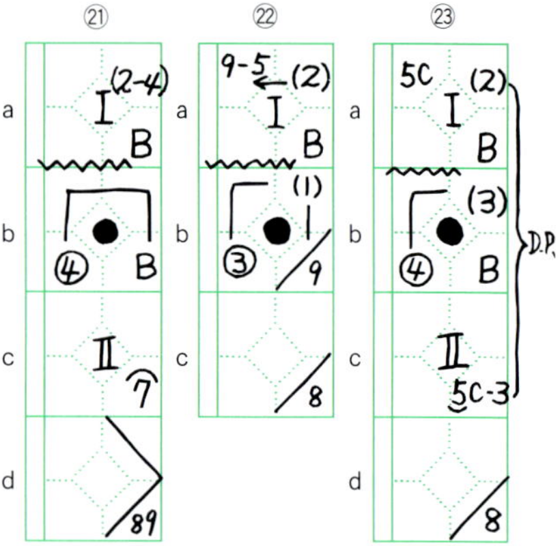

ONE POINT ADVICE

同じルールのはずなのに、日本とアメリカの解釈の違い

自責点かどうかを決める上で、日本とアメリカでは微妙な違いがあります。例えば、無死または1死三塁、捕逸で三走が生還した後、外野フライが出たケース。日本では、捕逸による得点は自責点はつきませんが、アメリカでは、捕逸がなくてもその後の外野フライが犠飛になったと判断されれば、自責点を記録します。つまり、日本では、「得点が入った時点」で自責点か否かを決定しますが、アメリカでは「イニングの表裏が終わった時点」で決定するという違いがあるのです。

イニング途中で投手交代したときの原則３

前任投手のときの「アウトの機会」は、救援投手には適用されない

もし、前任投手の「３アウトの機会」を適用できたら、救援投手は大喜びでしょう。いくら点を取られても自責点にならないのですから。そんな無責任な投球をすることを防ぐため、野球規則で「同一イニングに２人以上の投手が出場したときの救援投手は、そのイニングでの自責点の決定にあたっては、出場するまでの失策または捕逸によるアウトの機会の恩恵を受けることができない」と決まっています。例えば、前任投手のときに２失策と１アウトで「３アウトの機会」があったとしても、救援投手には２失策は関係なく、１アウトから始まるということ。このため、ときには、チーム自責点がなくても投手個人には自責点がつく場合があります。

事例

スコア㉔――ａ、ｂ連続三振。ｃが四球、ｄが遊失〈投手がＡからＢに交代〉ｅが３点本塁打（チームの自責点なし、Ａは自責点なし、Ｂは自責点１）

スコア㉕――ａ、ｂ連続三振。ｃが四球、ｄが遊失〈投手がＡからＢに交代〉ｅが三失、ｆが満塁本塁打（チームの失点４、自責点なし。Ａ、Ｂ共に失点２、自責点なし）

スコア㉖――ａが四球、ｂが遊失〈投手がＡからＢに交代〉ｃが３点本塁打。ｄ、ｅが連続三振。ｆが三失。ｇが２点本塁打（チームの失点５、自責点２。Ａに失点２、自責点１、Ｂに失点３、自責点１）

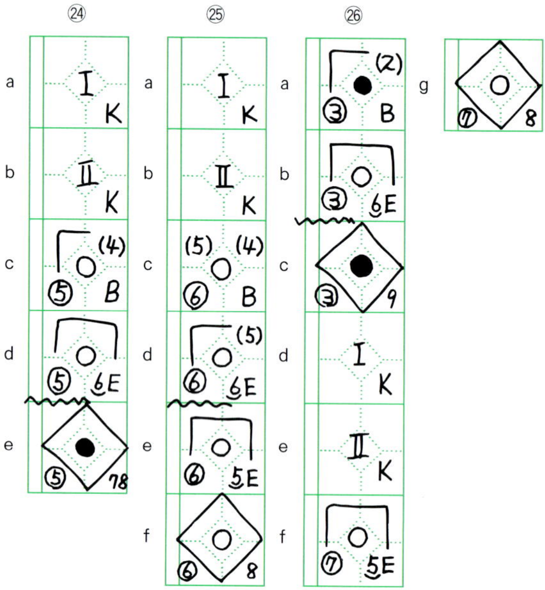

〔解説〕

スコア㉔は、２死一塁からｄを遊失で生かした後に投手交代していますが、この時点で「３アウトの機会」を逸しています。その後の３ランは打席が想定できないので、チームとして、またＡ投手には自責点はつきません。しかし、Ｂ投手には、本塁打の１点が自責点となります。Ｂ投手は、あくまで「２死一、二塁、ただし２人の走者の責任はない」という状況からのスタート。だから、本塁打は責任を負います。

㉕も、B投手は㉔と同様「2死一、二塁」での登板です。しかし、eの三失で、B投手にとっても「3アウトの機会」を逸しています。その後の満塁本塁打は、自責点にはなりません。

㉖は、A投手は、自ら残した2走者が失点となり、そのうち四球で出した走者が自責点となります。B投手は、最初の本塁打の1点は自責点ですが、2本目の2ランはその前の三ゴロ失策で「3アウトの機会」を逸した後のことですから、責任はありません。

打席途中で投手交代した場合

(1)ピッチャー・イン・ザ・ホールのカウントのとき、救援投手が四球を出したら前任投手の責任。
(2)上記以外は、カウントに限らず、救援投手の責任。

1人の打者の打席途中で投手交代した場合、基本的には、救援投手が結果の責任を負うと考えておけばOKです。

ただし、"ピッチャー・イン・ザ・ホール"（投手不利）のカウント（0－2、0－3、1－2、1－3、2－3）のときの四球だけは、前任投手の責任となります。

それ以外の結果――安打、失策、野選、封殺、死球、アウトは、救援投手の責任です。

また、"バッター・イン・ザ・ホール"（打者不利）か対等なカウント（0－1、1－0、1－1、2－0、2－1、2－2）のときは、すべて救援投手の責任になります。

2 勝利、敗戦、セーブ

たった1球で勝利投手——。プロ野球でそんな「幸運」に恵まれた投手は、1963年のミケンズ投手（近鉄）から2000年の森中聖雄投手（横浜）、吉田修司投手（ダイエー）葛西稔投手（阪神）まで、過去11人います。逆に、わずか1球で敗戦投手になった「不運」な投手は、過去15人います。どうして、そんなことが起こるのか。勝利投手の資格、敗戦投手の決まり、セーブの与えられる条件を、知っておきましょう。

先発投手の勝利の条件

(1) 5回以上投げきる。
(2) 2交代した時点で、自チームがリードしていて、その後、同点または逆転されることなく試合が終了すること。

「5回を投げて勝利投手の権利を得た」と言いますが、先発投手が勝利投手になるには、「5回投げきること」は絶対条件。これは6回以上行われた試合で、5回コールドゲームの場合は「4回」となります。

さらに、リードを最後まで保つことも絶対条件。「5回以上投げて」交代した後、救援投手が一度同点または逆転されたら、先発投手の勝利投手の権利は消え、同点、逆転の時点で新たに試合が始まったものとして考えます。ですから、先発投手が終盤まで好投して勝っていても、リリーフ陣の乱調で逆転され、勝利をフイにするという悲劇も生まれます。

事例 ①先発のA投手が6回を1失点の好投、3－1でリードの7回からB投手に交代、B投手は2イニングを無失点、続いてC投手が9回1イニングを1失点、3－2で逃げきった（Aに勝利投手）。

②先発のA投手が6回を1失点の好投、3－1でリードの7回からB投手に交代、B投手は7回に2点を奪われ同点。その裏、自チームが1点奪い4－3と勝ち越し。9回は3人目のC投手が抑え勝利（Bに勝利投手）。

③先発のA投手が6回を1失点の好投、3－1でリードの7回からB投手に交代、B投手は7回に3失点で3－4と逆転され8回からC投手に交代、C投手は8回裏を無失点。9回表に自チームが2点挙げ再逆転。9回裏はD投手が抑え5－4で勝利（Dに勝利投手）。

〔解説〕

すべて、先発投手が5回以上投げ、交代時はリードしているという設定です。しかし、その後の展開により、勝利投手が変わっています。

①は、交代時のリードを守りきったので、先発投手に勝利。②は、B投手が同点とされ、その回に味方が勝ち越したので、B投手に勝利投手。③は、B投手が逆転され、A投手の勝利はなくなり、B投手も交代したのでB投手の勝利もなくなります。C投手は負けているときの投球ですが、9回表の自軍の得点は投球任務中とみなすので、勝利投手になります（126頁参照）。

先発が5回未満、ビハインドで交代した場合

交代以降、チームが逆転し最後までリードを維持した──逆転時に投げていた救援投手に勝利投手

先発投手が「5回未満」「ビハインド」で交代して、そのまま負ければ、その後、救援投手が何点取られても先発投手が敗戦投手になるのは明らかです。問題は、先発投手の交代以降、チームが逆転勝利、しかも、複数の救援投手が登板したケースでしょう。

ポイントは、「最後のリードを奪った時点」で投げていた投手が勝利投手になるということ。ただし、投球イニングが非常に少ないときなどは、記録員の判断で、リードを保つのに効果的な投球をした他の投手に勝利を記録する場合もあります。セ・パ両リーグ記録部では、投球回数が後に出た投手との間に1回以上差があれば、その救援投手に勝利投手の権利が移ることを内規で決めています。

事例
①先発のA投手は5失点で0－5の4回で交代、2人目のB投手は5～7回を無失点。その間、6回にチームは打線が爆発し6－5と逆転。3人目のC投手は8、9回を抑え、そのまま勝利（Bに勝利投手）。
②先発のA投手は5点を奪われ0－5の4回で交代、2人目のB投手は5回の1イニングを1失点。その裏、チームは打線が爆発し7－6と逆転。3人目のC投手は6～9回をロングリリーフし無失点に抑え勝利（Cに勝利投手）。

〔解説〕

①は、B投手のときに逆転し、その後、追いつかれることなく勝ったのでB投手に勝利。②は、B投手のときに逆転し、その後、追いつかれることなく勝ったが、B投手は1イニングしか投げてなく、C投手が4イニングを無失点に抑えたので、C投手に勝利を与える。

先発が5回未満、リードで交代した場合

先発投手の任務中に奪ったリードが最後まで保たれた――記録員が、勝利に最も貢献したと判断した救援投手に勝利投手。

先発投手が「リードしている」のに「5回未満」で交代するケースもあります。「勝利投手の権利目前で非情の交代」と言われるような場面です。

交代以降、救援投手が同点あるいは逆転されれば、その時点から試合は新たに始まったものと考え、勝利投手を決めていけばいいのです。

問題は「交代時のリードを最後まで維持した」ケースということになり、その場合は、救援投手の中から「勝利に最も貢献した」投手を勝利投手とします。判断する基準は「救援投手の中で最も投球イニングの多い投手」で、もし、投球イニングの差が1回未満のときは、記録員が客観的に内容を判断して「効果的な投球をした」投手に勝利を記録します。

ONE POINT ADVICE

オールスター戦の勝利投手の決め方

特殊な例として、オールスター戦のように前もって投球回数が3回以内と決まっている場合、基本的には「最後のリードを奪った時点で投球していた投手」を勝利投手にするのが習慣です。しかし、その投手が、逆転はされなくてもノックアウトされた場合には、ほかの救援投手に勝利を記録することもあります。その際には、「最も効果的な投球をしたと判断される投手」ということになるのです。

投手に代打や代走が出て退いた場合

交代したイニング中に得点してリードすれば、「その得点は、その投手のもの」となる。

事例

①1点のビハインドで迎えた7回裏の攻撃、先発のA投手の代打に2ランが出て逆転、2人目のB投手が2イニングを抑え勝った（Aに勝利投手）。

②先発のA投手が7回1失点で交代、1点ビハインドの8回表にB投手が登板し無失点に抑え、その裏、B投手に代打が出て交代、その回に2ランが出て逆転。C投手が9回を抑え勝った（Bに勝利投手）。

〔解説〕

ポイントは、同点やビハインドの状況で、代打や代走が出て退いた場合です。①はA投手が退いた回に、②はB投手が退いた回に、それぞれ逆転し、最後までリードを維持したので、勝利投手が記録されます。もし、その後、同点あるいは逆転されれば、その投手の勝利はなくなります。

ONE POINT ADVICE

"1球勝利投手"の生まれるわけ

勝利投手の大原則は「最後のリードを奪った時点で投げている投手」。ここから"1球勝利"も生まれます。1999年7月11日の阪神戦で中日の落合投手は、0－1の9回表1死一塁で登板、今岡を1球で併殺に打ち取ります。その裏に逆転サヨナラ勝ちして、勝利投手に。落合投手は1995年4月27日の阪神戦で、同点の延長10回にリリーフ、初球をグレンにサヨナラ本塁打され"1球敗戦投手"にもなっています。

敗戦投手の原則

(1)先発投手の場合——ビハインドで退いて、その後同点またはリードすることなく試合終了すれば敗戦投手
(2)救援投手の場合——自責点があったためにビハインドとなり、その後同点またはリードしなかったら、投球回数に関わらず、「最初にビハインドを招いた投手」に敗戦が記録される。

事例

①先発のA投手が5回5失点、0－5で交代。その後、B、C、D投手が合計5失点。自チームは7点を奪ったが一度も同点にすることなく、7－10で敗戦（Aに敗戦投手）。

②先発のA投手が5回5失点、0－5で交代。その後、B投手の登板中に自チームが6－5と逆転、続いて代わったC投手が2失点（自責点）し6－7と再逆転され、続いて交代したD投手は3失点（自責点）し、6－10で敗戦（Cに敗戦投手）。

〔解説〕

敗戦投手の場合も、「最後にリードを奪われた投手」に敗戦を記録するのが基本。一度、同点または逆転すれば、そこから新たに試合が始まったものと考えます。

①は、A投手が5失点で交代後、自チームが最終的に7得点したが“一度も同点にすることがなく”終わったので、A投手に敗戦。②は、B投手の登板中に一度逆転したので、A投手の責任はなくなり、C投手が再逆転され、そのまま終わったので、C投手に敗戦を記録する。

セーブのつく条件

以下の３要素に該当する投手
(1)勝った試合の最後を投げきった投手。
(2)勝利投手にならなかった投手。
(3)以下のいずれかに該当する投手。
a．最低３イニングを投げる（点差は関係なし）
b．無走者のときは、３点リードで１イニング以上
c．走者がいる場合は、その「走者」、または「走者」と「対する打者」、または「走者」と「対する打者」と「次打者」が得点すれば同点となる状況（イニング数関係なし）。

「３イニング以上」投げれば、点差に関係なくセーブがつきますが、リリーフエースは、１イニング、あるいは最後の１人にしか投げない場合もあります。そうなると、「点差」と「走者数」が関係してきます。特にｃの項に注意して下さい。極端な例では、５点リードの９回裏２死満塁で登板、打者１人を打ち取り、勝った場合も、セーブは記録されます。

ONE POINT ADVICE

今のリリーフエースは過保護？

最も余裕のあるセーブは「３点差で９回の１イニング」の登板でしょう。連続本塁打されても、まだ１点あるわけですから。昔のリリーフエースは１、２点のリードや同点でも、７回頃から登板し２、３イニング投げたものです。最近は同点ではまず登板せず、投げるのは１イニング。確実にセーブが取れるような場面ばかりで、記録の価値という点では雲泥の差。単純に数を比較できません。

3 その他の記録いろいろ

自責点と勝利投手、セーブの決まりは把握できたでしょうか。その他の「投手の記録」には、ちょっと耳慣れない用語もあります。ここでは、必要なものを解説していきます。

●試合　登板数のこと。完投しても、1球しか投げなくても1試合登板に変わりはありません。ただし、先発も救援投手も、1打者に投球完了（アウトか、出塁）する義務があり、ただ1球投げただけでは認められず登板になりません。

●完投　先発して、試合終了まで1人で投げきること。5回コールドなら5回、延長12回なら12回。

●交代完了　リリーフに出て、最後まで投げきること。

●試合当初　先発して、途中からリリーフを仰いだ数。

●補回試合　9回以上投げた試合数。先発して10回無死で降板した場合も入る。

●無得点勝利　シャットアウト。1人の投手が完封した試合数。0－0の引き分けで完投した場合は入れません。また、1回無死まだ無失点という状況で、先発投手に代わり登板して、最後まで無失点に抑えた投手には、完投はつきませんが、シャットアウトは記録されます。ちなみに、この規則は1957年に新設され、72年に阪神の上田二朗投手が適用されています。

●投球回数　3アウトで1回。1回に満たない場合は、奪ったアウトカウントによって、1死＝3分の1、2死＝3分の2、登板したが1死も取れず＝3分の0と表記します。例えば、7回1死から打たれて降板したら、投球回数は6回$\frac{1}{3}$

となるし、1死もとれずに降板したら6回$^0/_3$となるわけです。
●四球　フォアボール。故意四球（敬遠）も含む。敬遠の判断はわかりにくい場合がありますが、セ・パ両リーグの内規では「最後の4球目のボールの際に、捕手が立ち上がっていれば敬遠とする」と決めています。
●死球　デッドボール。投球が打者に当たり、なおかつ、打者が避けようとしたことが条件。打者が明らかに避ける意志がないと主審が判断すれば、単なるボール。フォアボール目が当たったら、死球とします。
　また、バントの空振りなどで、球を避ける意志がないばかりか十分スウィングの姿勢にあったと判断すれば、ストライクゾーンでなくてもストライクになります。ストライクゾーンの球に当たれば、もちろんストライクです。
●引き分け　2人以上の投手が登板した場合は、交代完了した投手に記録されます。
●暴投　ワイルドピッチ。投球が逸れ、捕手が“普通の守備動作”では止めることができず、走者を進塁させた場合。捕手が普通の守備動作でなら捕球できたと思われる場合は、暴投でなく捕逸になります。基本的に、捕手に達する前にバウンドしたら暴投。通常は走者のいるときにつきますが、走者がいなくても、三振振り逃げの場合には暴投がつくこともあります。
●ボーク　走者がいるときにだけ、成立します。主なポイントは以下のようなもの。
⑴自然の投球動作を中止した
⑵プレートに触れている投手が、一塁けん制のマネだけした

（二、三塁への偽投はＯＫ）
⑶プレートに触れている投手が、その塁の方向に足を踏み出さずに、送球した
⑷走者のいない塁に、プレイに関係ないのに送球した
⑸打者の方に顔を向けないで投球した
⑹プレートに触れずに、自然の投球動作を始めた
⑺セットポジションで、完全に制止しなかった
⑻セットポジションに入った後、投球、送球以外にボールから手を離した
⑼ボールを落とした
⑽禁止されている反則投球をした

これ以外にも、例えば、隠し球をしようとしたときなどに、投手がボールを持たずにマウンド付近で投球動作に入ったと判断される動きをすればボーク。あるいは、セットポジションで首を動かすのはＯＫですが、肩や上半身が動いたらボーク。要は、“走者を欺瞞するような動作”があれば、ボークとなるわけです。

●失点　文字通り、失った点の合計。投手交代した場合、残した走者の「数」だけ、前任投手の失点となるのは、自責点の決まりと同じです。

2．打者・走者編

1 いろいろなヒット

打球が外野に抜け、打者走者が生きた——文句無しのヒット、と誰もが思うでしょう。ところが、もしそのとき、走者が封殺されたらヒットにはならないのです。

誰が見てもクリーンヒットなのに、記録ではヒットにならないケースがあります。また、誰が見ても凡打なのに、記録ではヒットにするしかないケースもあります。あるいは、打者走者が二塁へ進んでも単打というケースもあります。現場で戸惑わないために、いくつかのケースを抑えておきましょう。

ヒットの基本——安全に生きる

(1)フェアボールが、野手に触れる前にフェア地域に落下するか、フェア地域後方のフェンスに当たるか、フェンスを越えたために、打者が安全に一塁（または先の塁）に生きた。

(2)フェアボールが、強すぎるか、弱すぎるため、野手が打球を処理しようとしたがその機会がなく、打者が安全に一塁に生きた。

(1)は外野へ抜けた安打、単打や本塁打のことです。(2)は強襲ヒットかボテボテの内野安打のことです。

当然、一塁に安全に生きることが最大の条件ですから、もし、右翼の前にクリーンな一打を放っても、一塁でアウトになれば、ライトゴロで、ヒットではありません。

ラッキーなヒット1

——普通ならアウトがヒットになるケース

(1)イレギュラーバウンドしたり、ベースや投手板、審判に打球が当たって方向が代わり、普通に守備しても処理しきれず、打者走者が生きた場合。

(2)走者に打球が当たった場合（守備妨害で走者はアウト）。

フィールド内の障害物としての審判は、“石ころと同じ”です。野手が処理しようとした打球が当たって打者が生きても、責任は問えません。

また、単なる内野ゴロでも走者に当たればヒットというのは、打者にはラッキーかも知れませんが、走者が守備妨害でアウトになるのですからチームにとってはマイナスです。

ONE POINT ADVICE

打順間違いのヒットはアピール次第

打順を誤って打席に入った打者がヒットを打った——さて、どうなる？　打順間違いはアピールプレー。アピールが成立するのは、その打者のすぐ後に指摘した場合で、次打者に1球でも投じてしまった後では成立しません。アピール成立した場合は、打撃結果は無効。ヒットは抹消され、正しい打順の打者にアウト（打数1）が記録されます。アピール成立しなかった場合は、誤った打者のヒットは正当化され、そのまま続行されます。アウトになった場合は、アピール成立すれば正しい打者にそのアウトを記録します。となれば、打順間違いでヒットが出たら、次打者はさりげなく打席に入って投手に早く投げさせるのが得策？

ラッキーなヒット2
——失策のようだが、ヒットのケース

⑴野手が、打球をデフレクト（弱めたり、方向を変えたりすること）したり、カットしようとしたが処理しきれず、プレーができずに終わった場合。
⑵打球を捕った野手が、先行走者をアウトにしようと試みたが成功せず、“普通に処理しても”打者走者をアウトにできなかったと判断される場合（普通に処理すれば打者走者が一塁アウトになったと判断される場合は、失策）
⑶打球を捕った野手が、他の走者を伺ったり、他の塁へ送球する“フリ”をしたため送球が遅れ、打者走者を生かした場合。

事例
①打球は三遊間のゴロ。遊ゴロで一塁アウトと思われたが、三塁手が飛び出し打球をデフレクト。誰も処理できず打者走者を生かした——ヒット。
②無死（または1死）二塁。打球は三塁前の緩いゴロで一塁は間に合いそうもない。三塁手は三進した二塁走者を刺そうとしたが間に合わずセーフ——ヒット。
③無死（または1死）一塁。打球は平凡な三ゴロで一塁はアウトと思われた。三塁手は一塁走者を二封しようとしたが、握り直した分送球が遅れセーフに——ヒットはつかず野選となり、打数1がつく。
④無死（または1死）二塁。打球は三ゴロ。三塁手は二塁走者をけん制する意味で送球のフリをしてから一塁送球したが、打者走者を生かした——ヒット。

〔解説〕

一見、守備のミスではないか、と思われる事例です。

①は三塁手がカットしようとしたが、打球方向を変えただけで終わってしまったケース。②は、「普通に処理しても、打者走者をアウトにできなかった」と判断される場合で、ヒットになります。③は、「普通に処理すれば、打者走者をアウトにできた」と判断されるケース。「普通に処理すればアウトにできたかどうか」という判断は、見る人によって、若干、意見の異なるところです。

また、④は、仮に「二塁送球のフリ」をしなくとも「打者走者はアウト」と判断される場合でも、ヒットになります。ただし、本来、先行走者をアウトにしようとして失敗したらヒットにはなりません。「二塁送球のフリ」や「走者を伺う」行為は、特例ですから、注意してください。

なお、野手が難しい打球を好捕した場合は、アウトに出来なくても、ヒットにするのが通例です。

ONE POINT ADVICE

打者に有利なヒットの判定

完全に死んだ打球か、強烈な打球ならまだしも、平凡な打球だと心情的にはヒットにしにくい場面もあります。明らかに守備のミスではないかと思っても、記録上はヒットになることが多いのも事実。野球規則10．05の付記に「本条各項の適用にあたって疑義のあるときは、つねに打者に有利な判定を与える」とあるからです。

打者、野手にとっては、失策よりヒットのほうがいいわけですが、投手からすれば、自責点にもつながりかねないので、不利な決まりでもあります。

外野へのヒットが凡打になるケース

(1)その打球で、走者が「封殺」されたか、失策で「封殺を免れた」場合。
(2)進塁を義務づけられた走者が、“次塁を踏み忘れ”アピールによってアウト（封殺）になった場合。
(3)走者が守備妨害でアウトになったとき（妨害がなくてもヒットになったと記録員が判断すればヒットになる）。

外野に打球が飛んでいるのに、ヒットにならない――というのが、ここに示したケース。ポイントは、先行走者の「封殺」です。「封殺」ということは、走者一塁、一、二塁、満塁の状況ということ。つまり、ここでいう先行走者とは「進塁を義務づけられた走者」（打者が走者となったため）で、それが「次塁で封殺された」場合には、本来ならヒットの打球も、ヒットにならないのです。

事例

①走者一塁、打球は二遊間をゴロで抜けた。通常なら、中安で一、二塁となるところが、走者の足が遅かったり、判断ミスがあって、二塁で封殺された――ヒットはつかず、打数１を記録。

②走者一塁、打球は二遊間をゴロで抜けた。一塁走者が駿足で三進したが、二塁ベースを踏み忘れ、アピールアウトになった――二塁封殺と同じ、ヒットにならない。

③走者二塁、打球は三遊間をゴロで抜けた。走者は遊ゴロかと思いスタートが遅れ、三塁でアウト――ヒット。

〔解説〕

①も②も、「進塁を義務づけられた」走者が、封殺されているので、打球は外野に抜けていても、ヒットにならないのです。③のように、一塁が空いていて、二走は「進塁を義務づけられていない」ケースでは、先行走者のアウトは関係ありません。

とにかく、外野へのヒットがヒットにならないのは、先行走者が封殺された場合だけです。「封殺」されない限り、先行走者がアウトになっても、ヒットになります。

打者が生きてもヒットにならない基本

(1)打球を処理した内野手（投手、捕手含む）が、先行走者をアウトにしたか、失策でアウトにできなかった場合（内野手が外野で守備した場合は除く）。

(2)打者が一塁アウトになるだろうと記録員が判断した打球を扱った野手が、先行走者をアウトにしようとして行った送球、タッチが失敗した場合。

内野にヒット性の打球を打ち、打者走者が一塁に生きても、先行走者がアウトになれば、ヒットにはならないということです。外野の場合と異なるのは、先行走者のアウトが封殺に限らないということです。

ただし、走者がオーバースライドなどのため、一端、触れた塁を離れてアウトになったら、「走者を進めることができた」と見なして、打者にヒットを記録することになっています。

事例 ①走者二塁、打球は三遊間深い位置へのヒット性のゴロ。二塁走者は三塁を狙うが、遊撃手からの送球でタッチアウト。打者走者は一塁に生きた――ヒットにならず、打数1を記録。

②走者二塁、打球は遊撃手と左翼手の間に上がりポトリと落ちた。二塁走者は、捕球されると思い離塁が少なかったが、落ちたのを見て三塁へ。遊撃手から三塁へ送球され、タッチアウト。打者は一塁に生きた――ヒット。

③走者二塁、打球は平凡な三ゴロ。三塁手は離塁の大きかった二塁走者をアウトにしようと二塁へ送球したが、間一髪セーフ。打者走者も一塁に生きた――ヒットはつかない、野選を記録。

〔解説〕

①のケースで、もし、走者が三塁をオーバースライドしてアウトになったら、ヒットです。

また、②のようなケースは、打球を処理した遊撃手は内野の守備範囲を越えていますから、内野手とはみなしません。外野で処理したら外野手と同じです。このケースでは、二塁走者が判断ミスで二塁にとどまった場合も、ヒットです。

③は、悪送球やタッチミスがあれば失策になります。送球の「フリ」だけならヒットのところが、送球してセーフになるとヒットは記録されないということになります。

2 単打か、長打か

単純なヒットなら誰でもわかります。しかし、野球は複雑なプレーの組み合わせ。ヒットと送球間の進塁が連続したり、走塁死や失策、守備妨害がからんでくると、そのヒットを単打にするのか、二塁打、三塁打にするのか、判断しなければなりません。単打か長打かの決定基準です。

与える塁打数の決まり

一塁に止まれば単打、二塁に止まれば二塁打、三塁に止まれば三塁打、本塁に触れて得点すれば本塁打。

ベースをオーバーしてアウトになったら

(1)オーバースライドの場合――「安全に確保した塁」。二塁でアウトなら単打、三塁なら二塁打。
(2)オーバーランの場合――「最後に触れた塁」。二塁でアウトなら二塁打、三塁なら三塁打。

基本は「その塁を確保する」ということ。オーバースライドして、戻りきれずにアウトになった場合は、確保したとは見なされない。逆に、オーバーランでアウトになった場合は、確保した、と解釈が違うので注意が必要です。

ベースを踏み越した場合

「安全に得た最後の塁」による——二塁を踏み越したなら単打、三塁なら二塁打、本塁なら三塁打。一塁を踏み越したら打数1のみ。

ベース踏み越しは、その前の塁までしか確保したと見なされないのです。せっかく本塁打を打っても、一塁ベースを踏み越していたら、ヒットにすらならないわけです。

送球間の進塁とみなすケース

野手が先行走者をアウトにしようとしている間に、打者が数個の塁を奪った場合——記録員が、打者自らの打撃だけで進塁できたと判断する数で決める。

事例 ①走者一塁で右前打、一塁走者は三塁へ、右翼手は三塁へ送球したがセーフ、打者走者は二塁に——単打。

②走者二塁で中前打、二塁走者は本塁へ、中堅手から本塁へ送球しセーフ、打者走者は二塁に——単打。

③走者一塁、打球は左中間突破安打、足の遅い一塁走者は三塁へ、左翼手は三塁に送球したがセーフ、打者走者は二塁に達した——二塁打。

〔解説〕

試合でよくあるのが「送球間の進塁」です。

基本的には単打になるケースが多いですが、③のような例もあります。先行走者をアウトにしようとする「送球」がなくても、長打になったと判断できる場合です。

先行走者がアウトになったケース

(1)先行走者が本塁でアウトになるか、失策でそのアウトを免れた場合――打者が三塁を得ていても、三塁打とは記録しない。
(2)一塁走者が三塁を狙い、アウトになるか、失策でそのアウトを免れた場合――打者が二塁を得ていても、二塁打とは記録しない。

事例
①走者一塁、打球は右翼線を転々、一塁走者は本塁を突くが右翼手からの返球でタッチアウト、打者走者は三塁に達した――二塁打。
②走者一塁、打球は左中間へ、一塁走者は三塁を狙う、中堅手が三塁へ送球するが三塁手が捕球できず失策となり、走者を生かした、打者走者は二塁に達した――単打。

先行走者がアウトになる機会がない場合

先行走者の進塁に関係なく、打者の塁打数を決める。

事例
①走者二塁、打球は右翼へのポテンヒット。二塁走者は捕球されると思いリードが少なく、三塁に進んだだけ。打者走者は好走し二塁に達した――二塁打。
②走者三塁、打球は右翼への高い飛球、三塁走者は一度リードしたが捕球されると思い帰塁。しかし、球は捕球されずヒット。三塁走者は三塁に止まり得点できず、打者走者は二塁に達した――二塁打。

〔解説〕

①は1つしか進塁できず、②は1つも進塁できませんでしたが、共に、アウトになる機会がなかったわけです。高い飛球のときなどは、打者走者も二塁ベースの手前辺りまで走っているケースもよくあることです。

サヨナラヒットの塁打数

(1)決勝のホームを踏んだ走者が、そのヒットで進んだ塁と同数の塁打が与えられる。
(2)ただし、打者走者が同じ数だけ進塁していること。

事例

①走者一塁、打球は右中間を抜くヒットとなり、一塁走者がサヨナラのホームイン、打者走者は一塁に達しただけ——単打。
②走者一塁、打球は右中間を抜くヒットとなり、一塁走者がサヨナラのホームイン、打者走者も二塁に達した——二塁打。
③走者三塁、打球は通常なら長打になる右越えのヒット。三塁走者がサヨナラのホームイン。打者走者は二塁に達した——単打。

〔解説〕

いくら外野の頭上を抜くヒットを放っても、それでサヨナラ勝ちが決定的であれば、打者は一塁ベースを踏んだら喜び勇んでベンチに引き返す、というのが通常です。ですから、②のようなケースは珍しいでしょう。

また、三塁に走者がいる場合のサヨナラ安打は、本塁打以外すべて単打になります。

3 打点がつくとき、つかないとき

ヒットによる得点にだけ打点が記録されるわけではありません。さて、どんなケースがあるのか。

タイムリーヒット以外に打点がつくとき

(1)打った場合――犠打、犠飛、邪飛、内野ゴロ、野選によって、走者がホームインしたとき。
(2)打ってない場合――満塁での四死球、妨害（インターフェア）、走塁妨害（オブストラクション）によって、走者がホームインしたとき。

打点にならないケース

(1)失策、暴投、捕逸、併殺打によって、走者がホームインしたとき。
(2)三振振り逃げによって、走者がホームインしたとき。

失策で得点した場合、例外として、記録員が「失策がなくても得点できた」と判断すれば、打点をつけることができます。

また、三振振り逃げは打点にはなりませんが、稀なケースとして、振り逃げを狙ったが捕手からの送球で一塁アウトになったときに、三塁走者がホームインしたら、打者には打点がつきます。滅多にお目に掛かりませんが、1981年のイースタンリーグ、日本ハム対巨人戦で、巨人の山崎章弘が記録しています。頭の隅に入れておいてください。

4 犠牲バントと犠牲フライ

わかりきっているようでも、以外と正確に把握していないのが、犠打と犠飛ではないでしょうか。ここで、改めておさらいします。

犠牲バントが記録されるケース

(1)無死または1死、打者のバントで走者が進塁し、打者が一塁アウトの場合。
(2)上記の状況で、打者走者が失策で一塁に生きたが、失策がなければ一塁アウトになったと思われる場合。
(3)無死または1死で、バントを処理した野手が次塁で走者をアウトにしようと試みたが、無失策ながら、走者を生かした場合。

基本的には、打者走者が一塁でアウトになる（犠牲になる）のが原則ですが、打者走者が一塁セーフになっても犠打が記録される場合もあります。

典型的な送りバントに、失策がからむと「犠打失策」となり、また、先行走者をアウトにしようとして生かし、野選が記録されたら、「犠打野選」となります。いずれも、失策、野選がなければ一塁アウトになったと判断される場合に、犠打も記録されるわけです。

もし、失策がなくても、打者を一塁でアウトにできないと判断される場合は、打者には「単打」を記録して、犠打は記録しません。犠打を狙ったバントが絶妙で、普通に守備しても一塁セーフと判断されれば、内野安打となるのです。

犠牲バントが記録されないケース

(1)バントで進塁しようとした走者が１人でもアウトにされたとき。(打数を記録する)
(2)バントの狙いが、走者を進めるためでなく「“安打を得るため”であったことが明らかである」と記録員が判断したとき。(打数を記録する)

犠打は走者を進塁させて初めて成立するものですから、走者の進塁が失敗すれば、犠牲バントも記録されないのは明白です。ただし、走者がオーバーラン、オーバースライドしてタッチアウトの場合は、進塁したとみなされますから、犠牲バントも記録されます。

失策などのミスプレーがあった場合には、「そのミスプレーがなくても走者は進塁できた」と判断した場合には、犠牲バントを記録します。また、そのミスプレーで走者が余分の塁を得た場合には、失策が記録されます。

ONE POINT ADVICE

セーフティバントは犠打ではない

バントの目的が、明らかに「自分が生きるため」のセーフティバントであれば、犠牲バントにはなりません。一塁に生きれば安打ですし、走者を進塁させても一塁アウトになれば、凡打になるわけです。しかし、この決まりは日本では空文化しているのが現状で、走者のいるときにセーフティバントで走者を進塁させ、打者アウトの場合は、ほとんどが犠打となっています。

犠牲フライが記録されるケース

(1)以下の場合
・無死または1死
・打者がフライかライナーを打ち
・打球を外野手か“外野の領域に入った内野手”が処理
・捕球した後、走者が得点した
(2)捕球し損なっても、その打球が捕球されていたとしても、捕球後走者は得点できたと記録員が判断した場合。

これも打者がアウトになる（犠牲になる）ことが原則ですが、野手が捕球ミスした場合でも、犠飛が記録される場合があります。

また、ファウルフライでも犠飛になりますが、内野フライでは犠飛にはなりません。

あくまでも得点した場合なので、一塁や二塁からのタッチアップによる進塁は、犠牲フライではありません。

(2)の少し複雑なケースは、例えば次のようなもの——1死一、三塁。打球は右飛。これを右翼手が落球。2走者はタッチアップしていたが、三塁走者は生還、一塁走者は右翼からの返球で二塁封殺された。この場合は、三塁走者が右翼手の落球や送球間のために生還できたと判断すれば、犠牲フライにはならないし、捕球されても得点できたと判断すれば、犠牲フライが記録されます。

5 こんな四死球、あんな三振

ボールが４つなら四球、ストライクが３つなら三振――しごく当然の決まりです。でも、少し変わった状況での四球や三振には、特別な決まりがあります。

打席途中で代打が出た場合

⑴四球は最後の打者に
⑵三振は２ストライクをとられた打者に

仮に、カウント１－３からの代打でも、四球になったらその「最後の打者」に四球が記録されます。当然、前の打者に打数はつきません。

逆に投手が交代した場合は、ピッチャー・イン・ザ・ホールのカウントのときだけ、前任投手の責任になることは、投手編で説明した通りです。

１打席に２人も３人も打者が立ち、三振になったら、「２ストライク目をとられた打者」に三振が記録されます。ですから、２ストライク後に代打が出て三振したら、前の打者に三振がつきますし、もし、３人の打者が１ストライクずつとられた場合は、２人目の打者に三振がつくわけです。

珍しいケース

⑴４球目のボールが打者に当たった――死球。
⑵四球となった打者が一塁に行かなかった――アウト。
⑶３バント失敗のファウルフライを捕球しない――三振。

野球規則には、四球を得た打者は「一塁に進んでこれに触れなければならない義務を負う」(6.08 a 原注) とあります。一塁に行かなければ、安全進塁権を放棄したとみなされ、アウトとなり打数1が記録されます。一塁に触れた後は、インプレーですから、もし、捕手が四球目のボールを逸らしていれば、そのまま二塁に進むこともできます。対して、同じく一塁を無条件に与えられる死球の場合は、その時点でボールデッドになるという違いがあります。

振り逃げができる条件

空振り、見逃しに関わらず、3ストライク目の球を捕手が捕り損なった場合。

(1)無死、1死——一塁走者がいないとき。

(2)2死——一塁に走者がいてもOK。

「一塁が空いているときに振り逃げできる」というのは誰にでも知られていることですが、「2死なら、一塁走者がいても振り逃げできる」というのは、案外知られていないのでは?

このルールを勘違いしたがために、かつて、プロ野球で“振り逃げが満塁本塁打”になるという珍しいシーンもありました(PartⅢ参照)。

捕手は、一塁に送球するか、打者にタッチしてアウトにしなければ、打者走者は一塁に生きることになります。一塁送球が悪送球になり、アウトになるはずの打者走者を生かした場合は、捕手に失策を記録します。これは、故意に併殺することを防ぐルールです。なお、振り逃げで一塁に生きても、記録上は三振が記録されます(暴投か捕逸をプラス)。

6 盗塁を記録する条件

盗塁と一口に言っても、いろいろなケースがあります。一見、盗塁に見えても、他のプレーが重なった場合は、盗塁と記録するかしないかは、ケース・バイ・ケースです。

暴投、捕逸より「先にスタート」

(1)盗塁の基本――走者が「安打、失策、刺殺、封殺、野選、暴投、捕逸、ボークによらないで」1個進塁した。
(2)暴投、捕逸より、「先にスタート」したとき。

暴投や捕逸を確認してからスタートしたのでは、盗塁ではなく、単純に暴投や捕逸による進塁と記録します。
「先にスタート」して盗塁した場合は、暴投、捕逸があっても記録しません。ただし、盗塁した後、連続プレーでさらに余塁を奪ったら、暴投、捕逸が記録されます。例えば、走者一、三塁で一塁走者が盗塁を試み、三塁走者はそのままだったが、投手が暴投。それを見て三塁走者が本塁を陥れたというケースはダブルスチールにはならず、一塁走者に盗塁、三塁走者の生還に暴投が記録されます。

捕手の悪送球も盗塁

捕手が刺そうとして二塁に悪送球した場合は、盗塁を記録し、捕手の失策ではない。

仮に、「いいボールを投げればタイミングはアウト」というケースでも、捕手に失策はつけません。ただし、次塁へ進んだり、他の走者が進塁した場合には、暴投や捕逸のケースと同様、盗塁と捕手の二塁悪送球が記録されます。

挟撃プレーは盗塁

挟撃プレーの結果、走者が次塁に進んだ場合は、盗塁。

同じプレー中、他の走者も進塁した場合には、その走者にも盗塁が記録されます。いずれも、守備側に失策がつかないことが条件。

事例
①走者一塁。けん制球に誘い出され一、二塁間に挟まれたが、うまくかいくぐり二塁に生きた——盗塁。
②走者一塁。けん制球に誘い出され一、二塁間に挟まれたが、一塁手が二塁に悪送球して二塁に生きた——盗塁はつかず、一塁手の失策。
③走者一、二塁。二塁走者がけん制球に誘い出され二、三塁間に挟まれたが、うまくかいくぐり三塁に生きた。その間に一塁走者も二塁に進んだ——2走者に盗塁。

重盗は全員成功が条件

(1)ダブル・スチール、トリプル・スチールの場合は、1人でもアウトになったら、他の走者の盗塁も記録されない。
(2)失策でアウトを免れた場合も、盗塁にはならない。

捕手は同時に2ヵ所に送球できませんから、重盗は、間違いなく、どちらかがセーフになります。それを盗塁と認めると、簡単に盗塁できてしまうので、1人がアウトになれば他の走者にも記録しないことになっています。

1死一、二塁でダブルスチールを企てたが、二塁走者が三塁でアウトになったら、二進した一塁走者にも、盗塁は記録されません。一塁走者の二塁への進塁は、二塁走者が三塁アウトになったプレーの間によるもの、と解釈されるのです。

野手の捕球ミスは失策、盗塁なし

野手が捕手の好送球を捕り損ね、盗塁を試みた走者がセーフになったら、盗塁は記録せず、野手に失策を記録。

送球のタイミングがアウトであることが前提。この場合、同時に捕手に補殺、走者には盗塁刺を記録する。

ONE POINT ADVICE

本盗成功をボークにしてしまう捕手の守備

スリル満点のホームスチール。本塁へ突っ込んでくる走者が視界に入った捕手が、思わずホームベースの前に飛び出て投球をキャッチしたら、どうなる？　これ、セーフになったかどうかに関係なく、投手にボークが記録され、走者の進塁（生還）が認められるのです。1975年（昭50）９月15日の阪神－大洋戦で実際に起こったシーン。同点の12回裏、阪神は１死三塁から、三塁走者の末永が本盗を試みると、大洋の捕手福島が本塁前に飛び出し投球を受け、タッチしようとしたものの球をこぼしてセーフ。記録上、サヨナラ本盗は幻に終わり、末永はボークによる得点、打者には打撃妨害による出塁が記録されたのでした。

守備行為なしは、盗塁もなし

守備側チームが何ら守備行為を示さず、無関心であるときは、盗塁を記録せず、野選による進塁とする（実際に適用された例は日本ではない）。

捕手が投げなくても盗塁となるケース

(1)捕手が二塁に送球しようとした（守備行為）が、間に合わないと見て投げなかった。
(2)走者一、三塁で、一塁走者が盗塁、三塁走者の本塁突入を考え二塁送球しなかった（日本だけ盗塁を記録）。

ONE POINT ADVICE

規則が空文化している日本野球

上に挙げた2つの決まり。日本では過去に1度も適用されたことはありません。例えば、大量リードしている試合の最終回、投手は一塁走者を無視してワインドアップで投球、一塁走者が二塁を陥れた――という場合は、守備行為がないので、野選を記録すべきところですが、盗塁になってしまいます。一、三塁の場合、二塁送球しなくても盗塁となるのは、日本独自の内規です。仮に一、三塁でも、状況によっては記録員の判断で盗塁とせず、野選とするケースは、メジャーリーグでは現実に見られます。

7 その他の項目

●打席数　完了した打席の数。失策や妨害、走塁妨害も含む。代打に代打が出たような場合、先の代打は打席を完了していないので打席数はなし、試合数は１を記録します。

●打数　打席数から、犠打、犠飛と、四死球、野選、打撃妨害、走塁妨害で一塁を得た場合を除いた数。

●塁打数　単打１、二塁打２、三塁打３、本塁打４として合計した数。

●盗塁死　盗塁を試みたがアウトになった数。

●犠打　犠牲バント、スクイズバントで成功したもの。

●犠飛　犠牲フライ。得点があった場合。

●残塁　チェンジになったとき塁に残っている走者の数。

●併殺打　ゴロを打って併殺された打者に記録され、フライ、ライナーにはつきません。厳密には次の２つがあります。

①フォース・ダブルプレー……封殺の連続か、第１アウトが封殺で第２アウトが一塁到達前の打者アウト

②リバース・フォース・ダブルプレー……第１アウトが一塁到達前の打者アウトか封殺で、第２アウトが封殺されるはずだった走者が次塁へ到達前にアウト

例えば、二、三塁で三ゴロ、三塁走者が本塁へ突っ込み、三塁→本塁（タッチアウト）→一塁とアウトにしても、併殺打にはならないのです。

併殺と併殺打は似ていますが、併殺は守備側に用いられ、併殺打は攻撃側に用いられます。第２アウトの捕球ミスで併殺がつかなくても、併殺打は記録されるケースがあります（3.守備編、及びPartⅢ参照）。

3 刺殺（プットアウト）と補殺（アシスト）

相手打者を打ちとれば、ほぼ必ず、野手の誰かに刺殺が記録されます。合わせて、別の誰かに補殺が記録される場合もあります。刺殺と補殺は、サッカーで言えば、ゴールを決めた選手（刺殺）とパスを出してアシストした選手（補殺）のような、補完関係にあります。特に、刺殺には特殊なケースがありますので、注意が必要です。

刺殺と補殺の違い

直接アウトにしたら刺殺
間接的にアウトにしたら補殺

補殺というと、外野からの返球で三塁や本塁で走者を殺すシーンが思い浮かぶのではないでしょうか。外野の補殺数というのは、肩の強い外野手の目安でもあります。外野補殺の場合は、強肩ぶりを発揮した外野手のほうがアシストというよりむしろ主役のような感じさえしますが、記録上は、送球したほうが補殺、最後にアウトにしたほうが刺殺です。

端的に言えば、（打者）走者をアウトにしようと「送球」したら補殺、「送球を受ける」か、「直接捕球する」か、ベースや（打者）走者に「触れてアウト」にしたら刺殺が記録されるということです。

例えば、遊ゴロ－一塁アウトなら、送球した遊撃手に補殺、一塁手に刺殺がつきます。外野フライでアウトなら、捕球した外野手に刺殺がつきます。

三振は投球ということで、投手に補殺はつかないことになっています。捕手には、刺殺が記録されます。

刺殺の3原則

(1)フェア、ファウルを問わず、フライやライナーを直接捕球したとき。
(2)送球を受けて、打者、または走者をアウトにしたとき。
(3)塁を離れた走者を、タッチアウトにしたとき。

事例
①右翼フライなら右翼手、捕邪飛なら捕手……etc。
②内野ゴロで送球を受けた一塁手、盗塁刺のときベースカバーに入った遊撃手……etc。
③二塁けん制で走者をタッチアウトにしたときの二塁手、二塁走者を隠し球でアウトにしたときの遊撃手……etc。

〔解説〕

文字通り、刺殺の基本は「最後に刺した」野手に記録される、と考えれば良く、1試合9回なら27、8回なら24の刺殺があることになります。

上に挙げた3つのケースでは、その「殺し屋＝刺殺者」も目に見えています。ただ、必ずしも「殺し屋」がハッキリしているとは限りません。目に見えないケースにはどういう場合があるか、次に説明しましょう。

捕手に刺殺を与える５つのケース

⑴反則打球で打者がアウトになった。
⑵３バント失敗で打球がファウルになったが、誰も捕球しなかった。
⑶打者が打球に触れてアウトになった。
⑷打者が捕手を妨害してアウトになった。
⑸打順を誤ってアウトになった。

いずれも、最後にアウトにした野手がいません。打者が自らアウトになった、と言えるケースです。打者に一番近い捕手に刺殺を記録します。ちなみに、反則打球とは、打者がバッターズボックスから足を完全にはみ出して打ったすべての打球を言います。

⑶は、打球に当たったのが一塁付近であれば、一塁手に刺殺が記録されます。現実には、打者が自ら打球に触れるのは本塁付近がほとんどですから、捕手に記録されます。

アウトになった付近の野手に刺殺を記録するケース

⑴インフィールドフライを誰も捕球しなかったとき。
⑵走者が、フェアボールに触れてアウトになったとき。
⑶走者が、スリーフットラインを越えてアウトになったとき。
⑷後の走者が、前の走者を追い越しアウトになったとき。
⑸走者が、逆走してアウトになったとき。
⑹走者が、守備妨害でアウトになったとき。

インフィールドフライ以外は、すべて走者の行為に対してです。

ちなみに、走者の追い越しアウトは、一瞬でも「走者が入れ代わった」ら、成立します。仮に、野手が失策しても、ホームランであっても、その時点で追い越した走者がアウトになるのです。

また、逆走アウトは、「守備を混乱させる意図」「試合を愚弄する意図」が明らかな場合に、審判が宣告します。ですから、塁間でタッチを避けようとして逆走したり、飛球が捕られたと思って逆走した場合は、それだけでアウトにはなりません。

事例

①1死一、二塁。打球は二塁ベース右付近へのインフィールド飛球、誰も捕球せず落下した——二塁手。

②走者二塁。打者は遊ゴロ。二塁走者が三遊間で打球に触れてアウト——遊撃手。

③走者一塁。打球は浅い二ゴロ。二塁手のタッチを避けようとした走者がスリーフットライン・オーバーでアウト——二塁手。

④走者一塁。打球は右中間へ飛球。一塁走者は一旦離塁したが、捕球されると見て帰塁。打者走者は勢い余って一塁をオーバーランし、先行走者を追い越した——一塁手。

⑤走者三塁。打球は遊ゴロ。三塁走者が遊撃手の守備を混乱させようと、二塁へ逆走しアウトを宣告された——三塁手。

⑥走者一塁。一、二塁間のゴロに当たり、二ゴロを処理しようとした二塁手に守備妨害した——二塁手。

補殺の原則

・あるプレーでアウトが成立したか、失策がなかったらアウトになった場合で
・アウトになるまでの間か、失策になるまでの間に
・送球したり、デフレクトして球を扱った野手に与える。

捕球ミスによる失策でアウトにならなくても、送球した野手には補殺が記録されます。併殺や挟撃プレーなどの連続プレーでアウトになるか、失策がなければアウトになった場合も、ボールを送球した野手には必ず補殺が記録されます。また、走者がインターフェアか、ラインアウトになったプレー中に、送球するかデフレクトした野手にも、補殺が記録されます。ただし、1プレー中に数回、球を扱った野手がいても、補殺は1つしかつきません。

事例

①三ゴロで一塁に送球。一塁手が捕り損ね失策、走者を生かした——三塁手に補殺。

②三遊間へのゴロ。三塁手が触れた打球を遊撃手が捕って一塁送球しアウト——三塁手、遊撃手に補殺、一塁手に刺殺。

③投触二ゴロ——投手と二塁手に補殺、一塁手に刺殺。

④走者一塁で遊ゴロ。6－4－3と渡り併殺打——遊撃手に補殺、二塁手に刺殺と補殺、一塁手に刺殺。

⑤二塁けん制から、二、三塁間で挟撃プレーとなり、最後は二塁手がアウトにした。ボールの動きは1・6・5・6・5－4と渡った——投手、遊撃手、三塁手に補殺、二塁手に刺殺。

補殺にしないケース

(1)三振など、投手の投球に基づくプレー。
(2)野手が悪送球して、そのすきに次塁へ進塁しようとした走者が、続くプレーの送球でアウトになった場合の最初に悪送球した野手。

投手の「投球」に補殺はつきません。三振のときは、捕手に刺殺がつくのみです。しかし、1つだけ、本塁へ投げて補殺がつく場合があります。本盗を試みた三塁走者をアウトにするために、投手が投手板を外して本塁へ投げた場合で、これは「投球」ではなく「送球」となり、アウトにすれば補殺が記録されます。

先程、連続プレーでは送球した野手に補殺がつくと言いましたが、悪送球はミスプレーですから、当然、補殺にはなりません。

ONE POINT ADVICE

補殺と刺殺の特殊な例・長嶋の幻のホームラン

（打者）走者がベースを踏み越してアピールアウトにな（っ）た場合も、守備側には補殺と刺殺が記録されます。1958年（昭33）の広島戦で、巨人の長嶋茂雄選手が一塁ベースを踏み越してしまい、本塁打を取り消されたことがありました。そのときは、投手が審判員に新しい球を要求、アピールプレーで一塁手へ送球したので記録上は投ゴロとなり、投手に補殺、一塁手に刺殺が記録されました（PartⅢ参照）。

2 これは失策？ 誰の失策？

ヒットか、エラーかの判断は、記録員が最も頭を悩ますところです。心情的には、守備のミスと思えても、失策を記録できない場合があります。逆に、心情的には、その選手に同情しながらも、失策を記録する場合もあります。失策についての決まりを抑えておきましょう。

失策の原則

以下の事態を招くミスプレー(ハンブル、マフ、悪送球)をした野手に記録する。
(1)打者の打撃の時間を延ばす。
(2)アウトになるはずの（打者）走者を生かす。
(3)走者に1個以上の進塁を許す。

いずれも、「普通に守備をしていれば、打者または走者をアウトにできた」と判断されることが前提です。

事例
①走者なし。打球は左翼ファウルフライ。左翼手は余裕をもって落下点に入りながら、捕球できず——左翼手に失策（打撃時間を延ばす)。
②1死、走者三塁。打球は左翼へのファウルフライ。左翼手は落下点に入りながら、犠飛になることを避けてわざと打球を落とした——失策ではない。
③無死走者一塁。平凡な三ゴロ。三塁手は二塁に悪送球、一塁走者が二塁に生きる——三塁手に失策。
④走者一塁。右前打を右翼手が後逸。その間に、一塁走者は三塁を陥れる——1ヒットと右翼手に失策。

〔解説〕

打者の打撃の時間を延ばす行為というのは、①の犠飛にならない状況で、ファウルフライを捕球できない（しない）場合のことです。打者が生きたわけではなく、その後、アウトになろうとヒットを打とうと関係なく、失策が記録される珍しいケースです。ただ、現実は、プロ野球でも厳しく失策にとっているとは言えません。ただし、②のように、同じファウルフライを捕球しなかった場合でも、犠飛による得点を防ぐ目的であれば、失策ではありません。

ベースや走者へのタッチミスも失策

以下の場合も野手に失策を記録。

(1)ゴロを捕ったか、送球を受けた野手が、ベースを踏むか、（打者）走者にタッチすれば十分アウトにできたとき、失敗して生かした

(2)フォースプレーやタッグアウトの場合、アウトになるはずの状況でベースや走者へのタッチをし損なった。

失策は、捕球ミスや送球ミスだけではありません。ベースを踏み外したり、走者にタッチし損ねたりして、走者を生かした場合も、失策が記録されます。

ただし、これも「普通に守備をしていれば、アウトにできたと判断される」ことが前提ですから、際どいタイミングのプレーでは、失策はつきません。

事例 ①一塁線のゴロを捕った一塁手が、一塁ベースか打者走者にタッチすれば十分アウトになったのに、タッチし損ない、打者走者は一塁に生きた——一塁手の失策。

②一塁線のゴロを捕った一塁手が、一塁ベースカバーに入った投手に送球。タイミングはアウトだったが、投手はベースを踏み損ねて打者走者を生かした——投手の失策。

③走者一塁。浅い二ゴロ、二塁手が併殺を狙い、二塁に向かう一塁走者にタッチしようとしたが失敗、そのまま一塁送球しオールセーフとなった——二塁手に失策。

④打球は左中間を破るヒット。打者走者は二塁を走り越して、再び二塁に戻る。中堅手からの好返球で、タイミングは微妙だったが、二塁手が空タッチでセーフ——失策ではなく二塁打。

妨害行為も失策

打撃妨害、走塁妨害で、(打者) 走者が「進塁」した場合は、妨害した野手に失策が記録される。

好送球の捕球ミス

正確で、「時機を得た」送球を、野手が止めないか、止めようとしないため、走者の進塁を許した場合、送球を受ける野手に失策を記録する。

「正確で時機を得た送球」とは、好送球のこと。「時機を得た」とは、要するに、タイミングがあっていること。逆に、「時機を失った」とは、タイミングがあっていないこと。例えば、野手がベースカバーに入るよりはるか先に送球すれば、捕球できないのは当然ですから、送球した野手の失策になります。

ちなみに、正確で、「時機を得た」送球が、二塁に送られ捕球ミスした場合には、記録員が状況を判断して、二塁手か遊撃手のどちらかに失策を記録する。

ONE POINT ADVICE

捕球ミスでも、併殺打は記録される

1死一塁、打球は遊撃正面のゴロ。6－4－3とわたってダブルプレー……と思いきや、一塁手がボールをポロリ。こんな場合、打者走者が一塁に生きても、打者に併殺打は記録されます。打者が併殺打となるようなゴロを打ったとき、第1アウト成立後、第2アウトに対する送球を野手が捕らえ損じたためその野手に失策が記録され、併殺が完成されなくても併殺打になり、現実には1イニング2併殺打も記録されます（PartⅢ参照）。

悪送球となる不運なケース

以下の場合、送球した野手に失策。
⑴送球が、不自然なバウンドをしたり、各塁、投手板、走者、野手、審判員に当たり変転し、走者に進塁を許した。
⑵送球が、照明のライトや太陽光線が目に入って捕球できずに走者を生かした。

⑴は、送球した野手には、気の毒な決まりです。たとえ、その送球が、タイミング的には「走者をアウトに出来る好返球」であっても、逆に、失策が記録されてしまいます。

事例

①走者二塁。打球は右前打で二塁走者は本塁へ。右翼手のワンバウンド返球は真っ直ぐ本塁に向かい、タイミングは十分アウトだったが、捕手が後逸して得点を許した——右翼手に失策。

②三遊間の深い位置の遊ゴロ、遊撃手は一塁にワンバウンド送球。タイミングはアウトだったが、一塁手が送球を捕り損ねた——遊撃手に失策。

③走者一塁。浅い中前打で一塁走者は三塁へ向かう。完全に暴走だったが、中堅手の送球が照明の灯に入り、三塁手が後逸。その間に、走者はホームインした——中堅手に失策を１つ記録。

〔解説〕

①や②のようなケースでは、手の届かない高投や大きく左右に逸れた送球でない限り、正面付近の低投は、受ける側がきちんと捕球すべきでしょう。しかし、「不自然なバウンド」をしていなくても、「ワンバウンドした」という事実によって、原則として、送球した側の悪送球とされます。「正確な

ワンバウンド送球」の場合、捕球ミスと思えても、送球した野手に失策が記録されます。

規則は、「進塁した走者の原因を明らかにしなければならない」のが原則ですから、気の毒ですが致し方ないのです。

また、③の場合、照明や太陽光線が眩しくて捕球できなかった場合には、日本のプロ野球では、原則として、安打に記録しています。

ONE POINT ADVICE

ヘンな野選

野手選択（フィルダース・チョイス）となる前提は、「投手によかれ」とプレーした結果であること。ミスプレーとは言えず、失策にはならないわけです。ところが、日本では、ちょっとヘンな野選が見られます。例えば、2アウトで走者一塁。打球は三ゴロ。三塁手は一塁ではなく二塁に送球したが、一塁走者はスタートを切っていたため間に合わずセーフ――。こんなケース、なぜか野選が記録されます。でも、よく考えてみてください。一塁に投げていれば3アウトチェンジの状況です。「投手によかれ」と思えば、一塁に送球すればいい。記録の主旨からすれば、野選自体がありえず、失策か内野安打しかありえないはずなのですが……。野選になることで、打者に打点もついてしまうケースも出てきます。

失策にならない“悪送球”

以下の場合、悪送球しても失策は記録しない。
(1)盗塁を防ごうとした捕手の送球。
(2)普通に守備をしても、セーフと判断される場合の送球。
(3)難球を好捕（美技）した後の送球。
(4)併殺の最後の送球。

事例

①一塁走者が盗塁、捕手の二塁送球が高投となり、セーフに。好送球であれば、タイミングはアウトだった——失策はつけず、盗塁を記録。

②打球は、普通に処理しても一塁セーフと思われる遊撃へのボテボテの当たり。遊撃手は前進して捕り一塁送球したが、本塁側に逸れる悪送球となり、一塁手は捕球できず、打者走者は一塁に生きた——失策はつかず、内野安打を記録。

③二遊間を抜けそうな打球を二塁手が横っ飛びで好捕、振り向きざま一塁送球した。タイミングはアウトだったが、体勢が崩れて悪送球となり、セーフに——失策ではない。

④走者一塁、遊ゴロで6－4－3の併殺を企てたが、二塁手が体勢を崩し一塁へ悪送球。打者走者は生きた——失策ではない。

〔解説〕

いずれのケースも、悪送球によって「さらに余分な塁を与えた」場合に限り、その進塁に対して失策を記録します。①で捕手の送球が抜け、走者が三進したら、捕手の失策です。

緩慢な守備動作は失策にならない

ハッキリしたミスプレーを伴わない「緩慢な守備動作」で走者を生かした場合は、失策としない。

事例 ①打球は三遊間へのゴロ、出足の遅い遊撃手はゆっくりした動きで打球を止めただけで送球できず。機敏に動けばアウトになったと思われるケース——失策ではなく安打。

②打球は三塁前の緩いゴロ、俊敏な遊撃手は打球に追いつき送球しようとしたがファンブル。打者走者を一塁に生かした——遊撃手の失策。

〔解説〕

①のようなケースは、事実上は失策ですが、記録上は安打となってしまいます。②のように「明らかなミスプレー」がない限り、失策は記録されません。

ですから、守備範囲の広い選手が難しいヒット性の打球に追いつきながら、捕球できずに失策がつく。一方、守備範囲の狭い選手は、難しい打球に追いつくのがやっとで記録は安打となる。選手の守備能力によって、そんな不公平が生じることもあるわけです。

3 その他の項目

●併殺、三重殺　途中に失策がなく、２人または３人の選手をアウトにした場合、ダブルプレーまたはトリプルプレーが成立します。ただし、失策がなくてもその間にミスプレーがあってアウトとアウトの間を中断したり、２つのアウトが続いても関連性がないなら、併殺にはなりません。つまり、第１アウトの刺殺者が第２アウトの補殺者であることが必要で、遊ゴロ併殺（６－４－３）でいえば、二塁手がそうです。これで初めて２つのアウトに関連性が出てくるわけです。

併殺と併殺打は似ていますが、厳密には異なります。併殺は守備側に用いられ、併殺打は打撃側に用いられます。第２アウトの捕球ミスで併殺が付かなくても、併殺打がつくケースがあるので注意が必要です（PartⅢ参照）。

●参加人員　併殺または三重殺中に補殺や刺殺を記録した野手には、併殺または三重殺の参加人員として記録されます。ただし、刺殺と補殺の両方が記録された野手でも、参加の機会は１として計算されます。

●接機数　守備機会（刺殺＋補殺＋失策）のこと。ボールが飛んできた数。

Special Seminar 2

データで勝つ！ プロのスコア活用法

集めたデータを活かさない手はない。プロ野球には各チームにスコアラーがいる。次の対戦相手の試合に先乗りして、データ収集、分析する、いわばアナリストだ。プロのスコアラーは、何を見ているのだろう？　ヤクルトスワローズで日本一３度の影の立役者、片岡大蔵スコアラーに聞いた。

●先乗りスコアラーとは

プロ野球で専任のスコアラーを置くようになったのは、昭和30年代の中頃、南海ホークス（現福岡ダイエー）の尾張久次氏（故人）が最初と言われている。それまでマネジャーが記録する程度だったものに、分析が加わったのだ。以来40年、プロ野球の情報戦は年々活発になり、分析にコンピュータやビデオカメラが導入され、1990年に入ってヤクルトの野村克也監督（当時）が掲げたＩＤ野球で確固たるものになった。スコアラーの存在価値は大きい。特に対戦チームの情報収集、分析を行うのが「先乗り」と呼ばれる人たちだ。

ヤクルトには３人の先乗りスコアラーがいる。基本的に、対戦チームの２カード前の試合から乗り込む。例えば、来週の火曜日からの３連戦に備えて対戦相手の阪神のデータを収集したいとすると、阪神は今週の火、水、木と中日戦、金、土、日と広島戦があるとすれば、その火曜日の中日戦から見に行くわけだ。これを「先々」と言う。次の広島戦が「先」となる。この２カード分で１セット。３連戦の初日のミーティングで報告を済ませると、また次の「先々」へ向かう、という繰り返しである。動くのは常に一人だ。

「先々」と「先」では、重視するものが違う。「先々」では投手、特に先発投手が中心。ちょうど中5、6日で、今度のヤクルト戦に登板してくる可能性が高いからだ。「先」のときは、野手（打撃）が中心になる。

●どう付ける？

プロのスコアカードは、一般に市販されているものとは大きく様式が異なっている。資料1は、ヤクルトで使用しているスコアで、ある試合の一例。左端に打順枠があり、選手は背番号で記入されている。スコアの部分は、1打席ごとに、ボールゾーンまで含めたストライクゾーンとグラウンドの図に分かれ、投球はカウントだけでなく1球1球の球種やコースを詳細に、かつ簡易的に付けられる。打撃結果は打球方向や性質、当たりの善し悪しまでもが一目瞭然だ。ちなみに、安打の場合は、ラインを赤ペンで記入する。

また、右上部には、送りバントやヒットエンドランなどの作戦が、いつ、どんな状況で行われ、結果はどうだったかを記す欄がある。つまり、投手、打者、作戦という、データ分析に必要な3大要素が盛り込まれ、それぞれの「欲しい情報」はほぼ網羅されているのだ（詳細は別掲）。

特徴的な例を一つ上げれば、打球の“当たりの善し悪し”をチェックしているところ。A（よい）、B（普通）、C（悪い）に、T（詰まり）、H（引っかけ）、O（泳ぎ）まで加える。同じ安打でも、どんな当たりだったのか、タイミングはあっていたのかどうか、ということによって、分析は異なってくるからだ。

このスコアを元に、選手個人の分析を行う。スコアはあくまでたたき台で、これを宿舎に持ち帰り、投手と打者に分け、

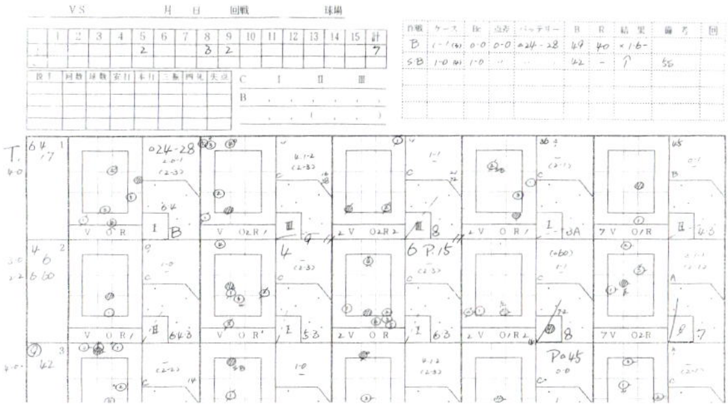

〔球種〕○＝ストレート、○○＝カーブ右投、左投、○＝スライダー、○＝シュート、○＝フォーク、○＝チェンジアップ、○＝シンカー、○＝空振り、○○○○＝ファウル、○＝逆球、●＝結果球／〔打球〕……＝ゴロ、－・－・－＝フライ、——＝ライナー／〔当たり〕A＝よい、B＝普通、C＝悪い、T＝詰まり、H＝引っかけ、O＝泳ぎ、S＝先っぽ
(注) ストライクゾーンは捕手側から見たもの。

1人1人のデータを用紙に転記していく。

●何を見るか？

スコアをつけるだけでは、スコアラーの仕事の半分にも満たない。試合後、ホテルの自室で、夜な夜な分析作業に勤しむわけだ。気がつけば朝、ということも珍しくはない。

まずは、投手と打者に分けて、選手別に、1球1球、別の用紙に記入していく。それだけで2～3時間かかる。次に、1人1人の傾向を分析して、寸評（コメント）を書く。それをパソコンに打ち込み、整理する。

資料2が投手用の「カウント別配球表」である。横にボールカウント、縦に球種となっており、カウントごとにどんな球を投げ、ストライクとボールの数がいくつだったかがわか

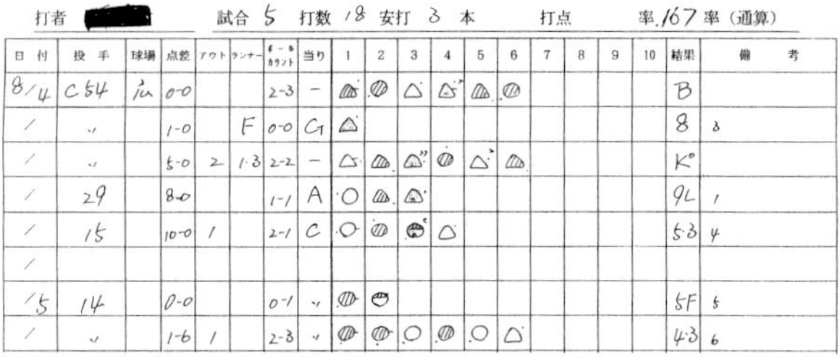

打者 [redacted] 試合 5 打数 18 安打 3 本 打点 率 .167 率（通算）

日付	投手	球場	点差	アウト	ランナー	ボールカウント	当り	1	2	3	4	5	6	7	8	9	10	結果	備考
8/4	C54	広	0-0			2-3	−											B	
/	〃		1-0		F	0-0	G											8	3
/	〃		5-0	2	1·3	2-2	−											K°	
/	29		8-0			1-1	A											9L	1
/	15		10-0	1		2-1	C											5·3	4
/																			
/5	14		0-0			0-1	〃											5F	5
/	〃		1-6	1		2-3	〃											4·3	6

A B C

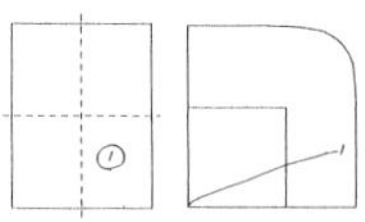

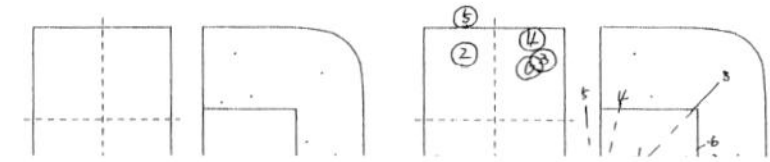

○＝見逃し、◎＝空振り、ⓐⓑⓒⓓ＝ファウル、●＝結果球凡打、▲＝結果球ヒット、ⓀⓀ°＝三振見逃しと空振り、△＝得点圏（緑色で記入）

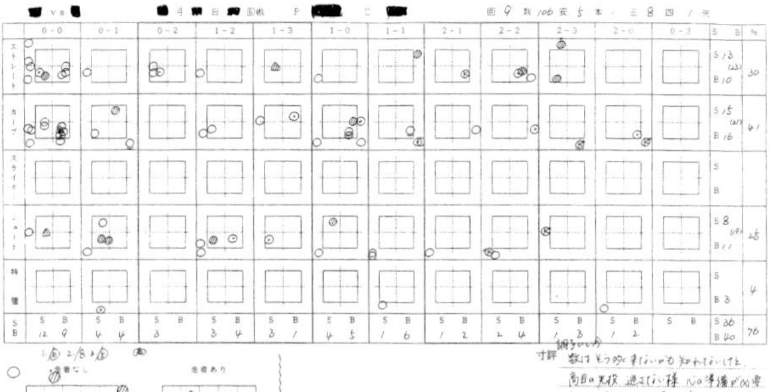

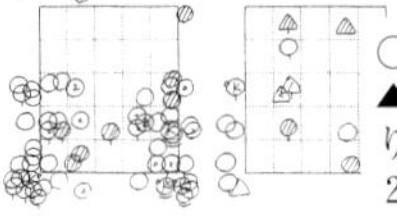

○●＝アウトコース・ストライクとボール、△▲＝インコース・ストライクとボール、赤で塗りつぶし＝1ストライク目を打った場合、青＝2ストライク目を打った場合、・＝高低〔記入の色分け〕赤＝カーブ・スライダー（○-）、黒＝ストレート、青＝シュート、緑＝特殊球

る。さらに、球種ごとに全投球中の割合を弾き出す。

また、下欄には、走者がいる場合といない場合の投球を、右打者と左打者に分けて、球種とコースを網羅する。特に、得点圏に走者をおいたときの投球は、△で記している。

相手投手を分析する際、絶対に見るポイントがある。1つは“入り球”。初球（または0－1）、どんな球で入ってくるのか。もう1つは“困ったときの球”。打者有利なカウント（0－2、1－2、1－3）で、どんな球でストライクを取りにくるか。いずれも、狙い球を絞るためだ。時折、投手の調子が悪く投球がバラバラで傾向が掴みにくい場合もあるが、概ね、6～7割の確率で傾向が掴めるという。

では、打者に対してはどうか。資料3は、打者用の「打席別打撃結果表」である。打席ごとに、全ての投球に対してどんな結果だったのか、が網羅されている。球種は色分けされており、ファーストストライクを打った場合は赤で塗りつぶ

○片岡スコアラーの分析

（資料2）「A投手の場合“入り球”はストレートかカーブ、打者有利なカウントではシュート（シンカー）が増え、追い込んだらボール球を多投してきている。また、右打者に対する投球では、アウトローのシンカーとカーブをきっちり集めて打ち取っている。一方、5安打のうち4本が真ん中から高めの球（左打者も含め）で、少ない高めの失投を逃さず打っていこう、となります」

（資料3）「B選手は、5日の1打席目は初球の外角スライダーを見逃したあと、2球目の高めに外れたストレートを打って三邪飛。変化球がボールになったから、次の狙い球をストレートに絞り決め打ちしたので、ボール球に手を出したと言えます。また、インハイのストレートに詰まって凡打した打球が多い（Cの図、③④⑥）。本来なら得意なところですが、どうも夏バテからかバットの出が悪いようだから、投手には「インサイドを突いてくれ」と言えます」

し、ボール球を打った場合には半分斜線にするなど、記入法は細かい。その中から特定のものをピックアップして、下欄に、視覚的に表記している。安打も凡打も含めて、当たりの善し悪し別（A、B、C）に打撃結果をまとめ、さらに、ファウルと空振りのときの球種とコースも表している。

打者を見るポイントの1つは、安打か凡打かに係わらず、“しっかり打った球”と“打ち損じた球”の傾向だ。もう1つ重要なのは“狙い球”。ファーストストライク目を打ったら赤で塗りつぶすのは、そのためだ。

●どこまで見る？

以上が、投打の分析の基本中の基本。では、データ分析がコンピュータ化に伴い複雑化している現状で、どこまで見ているのか、片岡氏はこう話す。

「どこまで分析するかというのは、いろいろあって、お話できない部分もあるんですが、例えば、ストレートを軸にする相手投手が、1球、2球とストレートを投げたら次に変化球が来る確率は何％か？　あるいは、もう一歩突っ込んで、1球目がストレートでストライク、2球目がストレートでボールを投げた次の球は何か？　逆に、ストレートでボール、ストレートでストライクの次の球は？　または変化球でボール、変化球でボールと来たら、次にストレートの来る確率は何％か……。そうなると、組み合わせは限りない（笑）。1つ1つ拾っていくと混乱するので、絞っていきます。例えば、ストレートが多い投手に対しては、当然、ストレートを狙っていくわけですが、どんなカウントのとき、またどういうパターンのときにストレートが多いのか、特に変化球がボールになった後はストレートの確率が高い、それは何％か、といったことを出していくわけです。

打者に対してもいろいろありますが、一例を挙げれば、ファウルの後の狙い球というのがあります。いい当たりのファウルを打った後はこういう球を狙うとか、逆に当たり損ねのファウルを打った後は、同じ球を狙うのか、違う球を狙うのか、それは何％の確率か、と。最後は数字で出すわけです」

データは数値化すること、選手が感動するものに目を付けること――。野村監督が説いてきたデータ分析の大前提だ。「数値化」と「感動」。一見、相反するような２つの言葉が、野村ＩＤ野球を支えるデータ分析の基本理念であり、現在もその考え方は受け継がれている。スコアラー歴14年、３年目から９年間、野村前監督の下でデータの収集、分析に当たってきた片岡氏に説明してもらおう。

「毎日、漠然とミーティングしていると、マンネリ化してきますが、それではダメなんです。結論は同じことを言うにしても、根拠を数字で出す。数字で出すと、選手は納得する。納得が感動となる。同じ球を投げるにしても、漠然と投げるのではなく、納得して投げれば、根拠があるので自信がもてる。１球に意味が出てくるわけです。野村さんの考えは、１球たりとも意味のないボールはないということです。

例えば、よく打たれる打者がいて、その打者を押さえるには、ミーティングでも『アウトローの変化球で打ち取ろう』としていた。でも、結果的に打たれる場合がある。そこで、入り球にインコースのストレートを投げて最後にアウトローの変化球を投げた場合と、インコースに投げないで最後だけアウトローの変化球を投げた場合の結果を、全部拾っていった。すると、初球にインコースに投げた場合のほうが、打率で1割ちょっと低かった。その数値が、初球にインコースをついて最終的にアウトローに投げれば打ち取れるという、根拠になったわけです。最初に胸元を突いてからアウトコースに投げれば、仮に打者が狙っていても打ち取れるというのは、当たり前の話なんです。インコースの残像が残っているからと言われます。そんな当たり前のことを、数字で出されれば、選手も“やっぱりそうか”と納得するわけです」

「感動」を呼ぶのは、単なる配球パターンだけではない。“選手のクセ”から導き出される数字もある。

「投手がサインに首を振った後の球、しかも、追い込むまでか、追い込んだ後かで、傾向がハッキリ出る場合があります。ある投手は、追い込むまでは9割方ストレート、追い込んだ後は9割近くが変化球、特にフォークでした。スコアカードにも、投球の上に小さく赤で○をつけています。ただ最近は、他チームもわかってきて、わざと首を振って違う球を投げてきたりしてきますけどね」

スコアの体裁通りにつけているだけでは、見落としがちなこと。他にも、例えば、左投手で2球以上けん制しないとか、小技の得意な打者がグリップを1握り余すとバントで半分くらいだとバスター……などなど、クセに関わる傾向は数多い。これも立派な「データ」と言えるだろう。

●どう伝える？

データの分析結果は、ミーティングで直接、選手、監督、コーチに伝える。細かく、膨大な情報を与えても、選手は頭が混乱してしまう。端的に伝えることが重要だ。

「とにかく、わかりやすく伝えること。自分では全てわかってるんですが、それをペラペラ喋るのではなく、選手の立場に立って、要点だけを言うようにしています。打者にはカウント別の配球を事細かには言いません。選手は選手で、個人の対戦データは持っていますし、あまり深いことを言うと、選手が頭でっかちになってしまい思うようなプレーが出来なくなる。頭でっかちは、古田だけでいい（笑）。例えば、投手には考え方を言ってあげます。ある打者の入り球にインコースのストレートを要求された場合、絶対に中(甘いコース)に入れない、ボールになってもいいつもりで投げろ、というように。漠然と投げるのではなく、考え方がしっかりしていれば、仮にコントロールミスして打たれても、同じミスは繰り返さないと思います。野村さんは、全員に同じようには言わず、選手のタイプを見て言ってましたね。抜群の球威をもつある投手には、データは考えなくていいから球を指先にかけることだけ考えろ、というように」

そこまで気を遣っても、当然のことながら、データが裏目に出る場合もある。特に投手の場合に多いという。また、スコアラーの出番がない選手、というのもいる。

●手集計から沸く疑問、発想

現在、プロ野球各球団は、データ分析にコンピュータを導入している。中には、球場にノート型パソコンを持ち込んで、スコアを直接入力しているところもある。そのまま球団のホストコンピュータに送信して、欲しいデータを瞬時に抽出するわけだ。セリーグでは、巨人、広島、中日がそうだ。ところが、1988年に他球団に先駆けてコンピュータを導入したヤクルトは、収集、分析をすべて手集計で行っている。コンピュータは、データの管理、保存と結果を打ち出すために使用しているのが現状。その「手間」にも意味があるという。

「パッと結果だけ出されるのと、1球1球記入していくのでは、大きな違いがあります。例えば、前出のB選手の5日の2打席目、1球、2球とスライダーを見逃し、そろそろストレートを狙ってくるなと思ってると、次のアウトローのストレートを見逃してストライク。普段、必ず打ってくる球なのに、何でだろうと疑問が浮かぶわけです。すると、前の打席で“高めの”ストレートを凡打している。つまり、いつも打つ球に手を出さないのは、前に凡打された球を狙ってきてるんだな、ということがわかってくる。結果だけ見たら、疑問がわかない。ただ、時間的なこと、手間を考えれば、全てコンピュータ化したほうが楽ですよ（笑）」

勝てば選手が評価され、負ければスコアラーに責任のお鉢が回ってくる。「スコアラーの喜びなんて、ないですよ」と片岡氏は笑う。時刻表片手に一人で全国の球場を回り、ホテルに戻れば孤独な分析作業。自チームの試合を見る機会はほとんどない。せっかく出したデータに耳を貸さない選手も、中にはいる。そんな裏方の苦労と悲哀が報われるのが、日本シリーズだ。「パリーグのチームの選手は全く知らないから、ほとんどが我々の資料を下に戦術を組み立てるわけです。他に頼るところがないですから。例えば、古田も、僕の言った通りに配球してくれる。日本シリーズに勝ったときは、本当にうれしかったですね」。これまで、日本シリーズ4度出場、3度も優勝したのは、スコアラー冥利に尽きるのだ。

（取材・文／高川武将）

■片岡大蔵（かたおか・だいぞう）　1957年11月23日生まれ。国士館大から79年ドラフト1位でヤクルト入団。投手。一軍登板は4試合のみ。83年引退。88年からスコアラーとなりベテランの域に。92、93、95、97年とセリーグ優勝、うち3度日本一。子供の頃から甲子園やプロ野球のスコアをつけ、大学では対戦チームのデータを自ら分析していたほど。

PART 3

こんな局面はこうつける

野球では、想像を超えるプレーが起こります。スコアをつけようとしても、頭の中が真っ白になることも。ここでは、過去、実際にあったシーンの中からスコアを厳選、解説していきます。まさに筋書きのないドラマをお楽しみ下さい。

1イニング2併殺打
(1962年8月1日、東映対南海、大阪球場)

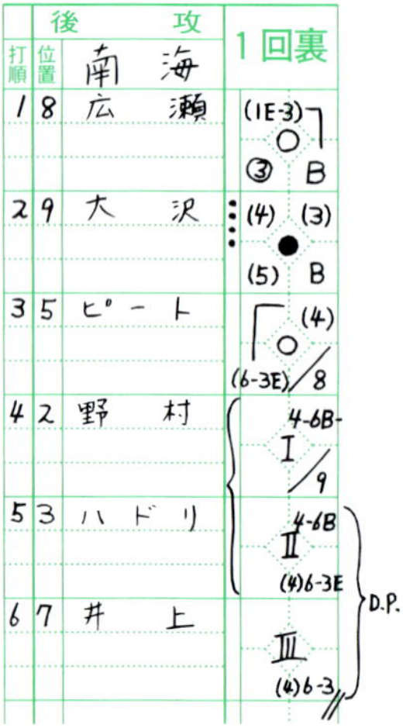

ルール上は起こりうる「1イニング2併殺打」が初めて現実となったケース。3点を追う1回裏、南海(現福岡ダイエー)はピートの適時打で1点返し、野村も右安打で無死満塁。ハドリは二ゴロで、二塁→遊撃→一塁と転送されダブルプレーと思いきや、一塁手吉田が送球を後逸した。ハドリは一塁に生きた(3－6E)が、併殺打は記録される。この間に三塁走者大沢、二塁走者ピートが生還し同点。大沢は併殺の間の進塁なので(5)、ピートは一失によるので(3－6E)と記入する。1死一塁から、井上はまた二ゴロ。今度は、二塁→遊撃→一塁とボールがわたり、ダブルプレーが成立。ハドリと井上に併殺打が記録された。1イニング2併殺打は、後に中日が64年6月7日の大洋戦(打者葛城とアスプロ)、89年6月20日の広島戦(打者仁村薫と小松崎)の2度、記録している。

1イニング4奪三振
(1997年7月4日、阪神対巨人、甲子園球場)

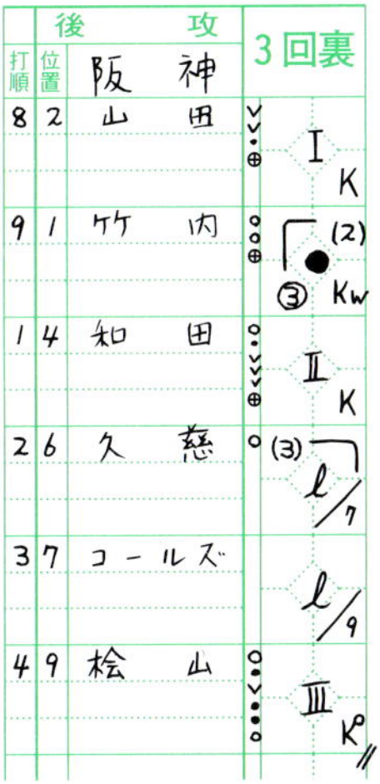

1イニングに記録される三振は3つとは限らない。間に振り逃げが入れば、4K以上も可能だ。59年に大洋(現横浜)の幸田が広島戦で記録して以来、過去7回もある。97年に巨人の岡島が阪神戦で記録したのは、8番山田を空振り三振させた後、続く投手の竹内を3球三振に仕留めた球が暴投となり、振り逃げで一塁に生かしてしまう(Kw)。1番和田も三振で本来なら3者連続三振でチェンジのところ、久慈、コールズに連打され1失点したのは皮肉。“3アウトの機会を逸した後”の失点だが、投手自らの暴投なので、これは自責点となる。最後は檜山を見逃し三振で、4奪三振。球威は抜群だが制球に難のあったサウスポーらしい記録となった。

ひとくちメモ――連続記録の決まり

・連続試合出場　打撃は1打席完了、守備は最低1イニング守ることが必要。代走だけでは認められない。

・連続安打　途中に四死球、打撃・走塁妨害、犠打が入ってもOK。犠飛(普通に打ったことになる)、失策、野選が入ると、連続安打にはならない。

4人アウトのトリプルプレー
(1962年7月12日、南海対東映、大阪球場)

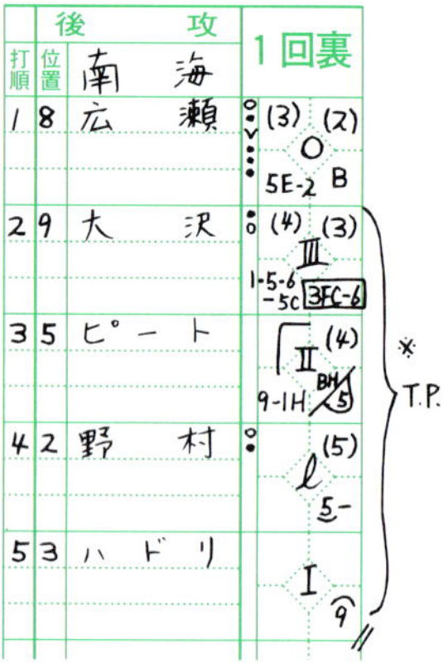

南海(現福岡ダイエー)が、トリプルプレーに加え、4人をアウトにしたという珍しいケース。

南海は初回1点取った無死満塁から、5番ハドリの右飛で三塁走者大沢はタッチアップで本塁へ(大沢は犠飛で一旦は得点)。右翼からの本塁返球を捕手が後逸したと見た二塁走者ピートは、三塁を回り本塁へ向かう。しかし、投手久保田がバックアップしており三本間でピートを刺し、さらに二塁を回っていた一塁走者野村も二、三塁間で挟殺して、三重殺が成立した。

この直後、東映(現日本ハム)は大沢の三塁離塁が早かったとアピール。野村を挟殺した後、三塁手が三塁ベースを踏み、塁審がこれを認めてアウトとなり、“4アウト”となった。野球規則では「第3アウト成立後でもほかに有利なアピールアウトがあれば先の第3アウトとそれを置き替えることができる——7.10(d)」とある。このケース、ハドリの右飛が第1アウト、三本間で刺されたピートが第2アウト、離塁が早くアピールアウトとなった大沢が第3アウトと「置き替え」られた。大沢の得点は取り消され(1・5・6－5C)南海は0点、「事実上第3アウト」の野村には、残塁(ℓ)が記録された。スコアだけではわからない、欄外に注釈を入れる。

1人で無補殺トリプルプレー
（1967年7月30日、東京対阪急、東京球場）

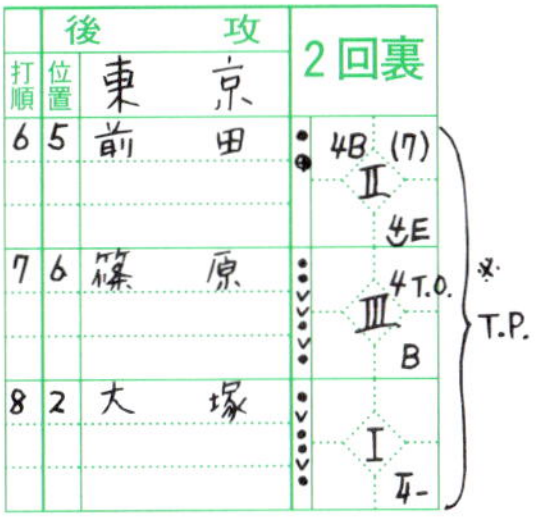

史上初の1人でトリプルプレーをやったのが、かつて阪急（現オリックス）の二塁手として活躍した住友。無死一、二塁から、東京の8番大塚の二直を捕ると、そのままベースを踏み飛び出していた二塁走者前田をアウト、さらに二塁に向かって来た一塁走者篠原をタッチして、無補殺の三重殺が成立した。ヒットエンドランがかかっていたために起こった珍記録。※で注釈を入れる。

1人で3アウト
（1942年4月21日、阪神対大洋、甲子園球場）

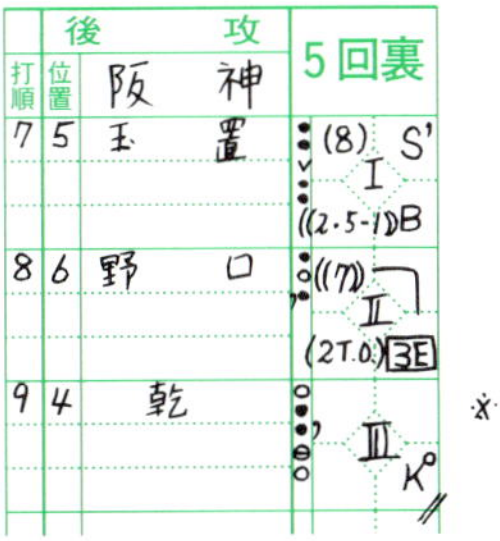

無死一、三塁のチャンスで打席には9番乾。まずは3球目、スクイズのサインを乾は見送ってしまい、スタートしていた三塁走者玉置は三本間で挟殺される《2・5－1》。その間に、一塁走者野口は三進、1死三塁。続く4球目に再びスクイズを仕掛けたが、今度は空振り。本塁に突っ込んできた野口はタッチアウト（2T.O.）。1打席で2度もスクイズに失敗して2走者を殺した乾は、次のストライクを見逃し三振。1人でアウト3つを稼いでしまった。スコ

アだけではわかりにくい。※で注釈を入れる。

インフィールドフライでサヨナラ負け
（1991年6月5日、横浜対広島、横浜スタジアム）

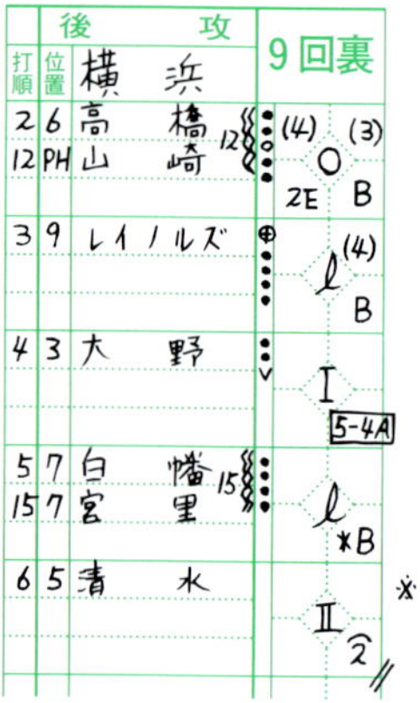

インフィールドフライは審判員が宣告した時点でバッターアウトとなる。条件は、無死または1死で、走者が一、二塁または一、二、三塁にあるとき、打者が打った飛球で内野手が普通の守備をすれば捕球できるもの。ライナーやバント飛球、ファウルは除く。走者が次の行動を容易にとれるように、審判員はフライが上がったら即宣告し、ボールインプレー。内野手の故意落球や、捕球ミスで、併殺となるのを防ぐためだ。インプレーなので走者は離塁しても進塁してもいいが、捕球された場合の進塁はリタッチの義務が生じる。

このルールを正しく解釈していなかったため試合に負けたのがこの広島。2対2の同点で迎えた9回裏、1死満塁。横浜の6番清水の打球は捕手前の小飛球となり、球審はインフィールドフライを宣告した。しかし、捕手達川は捕球できず、フェアグラウンドで弾む。これを見た山崎が危険を冒して本塁突入。ボールを捕った達川は併殺を狙い、本塁を踏んで一塁に送球した。既に打者アウトになっているのだから、タッグプレー（触球）の場面。山崎にタッチすれば3アウトのところ、達川のミスで本塁セーフとなり、広島は痛恨のサヨナラ負けを喫した。記録は捕手の失策。※で注釈を加える。

三振振り逃げが満塁本塁打
(1960年7月19日、東映対大毎、駒沢球場)

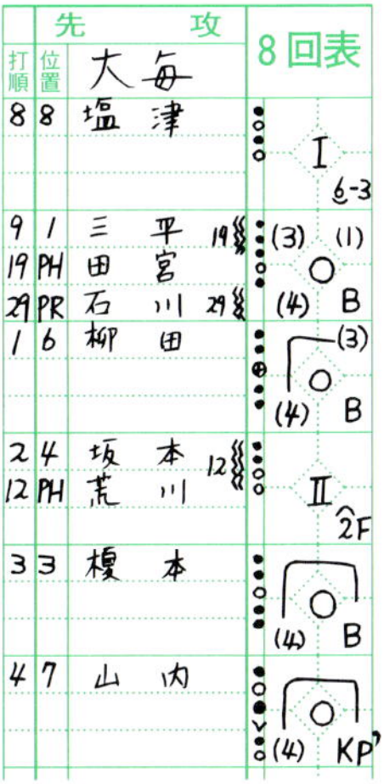

振り逃げができる条件は「一塁走者がいないとき」に、捕手が第3ストライクを捕り損ねることが基本だが、「2死なら走者がいても振り逃げできる」。満塁振り逃げで一挙4点入るという前代未聞の珍事は、このルールの勘違いから生まれた。

2点ビハインドの大毎(現ロッテ)は8回、2死満塁で4番山内が見逃し三振。これを捕手安藤が後逸し、ボールはバックネット前を転々。三塁走者石川、二塁走者柳田がホームへ走る。東映(現日本ハム)の保井代理監督は、チェンジと勘違いして野手を引き上げさせてしまう。一瞬、アウトと思ってベンチに戻りかけた山内も、慌てて一塁に走り出す。結局、無人のダイヤモンドを二塁走者榎本に続き山内も駆け抜けた。この4得点で大毎は逆転勝ち。捕手安藤がボールを拾って一塁送球するか山内にタッチしてアウトにすれば、何でもなかった場面。安藤に失策を記録すべきという意見も出たが、三振と捕逸を記録するにとどまった。※で注釈を入れる。

1イニング3犠打オールセーフ
（1988年7月1日、阪神対ヤクルト、甲子園球場）

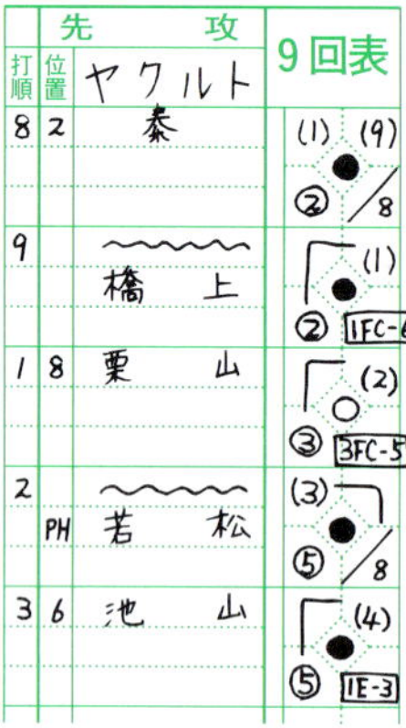

1イニング3犠打だけなら過去に多く記録されているが、3人が全て生きたというのは珍しい。ヤクルトは同点の無死一塁から、9番橋上のバントを投手が二塁送球したが間に合わず、犠打野選。続く栗山のバントを今度は一塁手が三塁送球するもセーフ、連続の犠打野選で無死満塁となった。代打若松の適時打で2得点後の一、二塁から、3番池山のバントを投手が一塁に悪送球して二塁走者栗山が生還した。まだ無死で一、三塁。1イニング4犠打のチャンスだったが、この時点で6－3と点差が開いたためその後バントはなく、記録達成はならなかった。犠打に野選や失策が絡むケースはよくある。FC、Eだけでなく、□で囲むことも忘れずに。

ひとくちメモ――マジックナンバーって何？

マジックナンバーはその時点での「優勝までの勝利数」を表すもので、本来「ついたり、消えたり」はせず、常にどこかのチームにある。引き分けがある場合は、対象チーム（最も逆転可能性の高いチーム、普通は2位チーム）が残り試合を全勝したと仮定して勝率を出し、首位チームがそれを上回るために何勝すればいいかを計算する。

初の0球セーブ
（1980年10月2日、南海対阪急、大阪球場）

9回表、1番福本の適時打で2点差まで追い上げられた南海（現福岡ダイエー）は、先発森口に代えて押さえのエース金城をマウンドに。2死一、三塁。2点差なので、1イニング未満でも押さえればセーブが付く場面だ。プレーがかかるや、金城は三塁へ牽制球を投げるフリをして一塁走者をけん制。そのとき既に一塁走者福本は二塁へスタートを切っており、二塁に入った遊撃手河埜に送球、そのまま河埜が戻りかける福本を一塁方向に追いかけてタッチアウトとなった。ボークではないかと阪急側から抗議があり、55分間も中断したが、提訴を条件に試合終了。

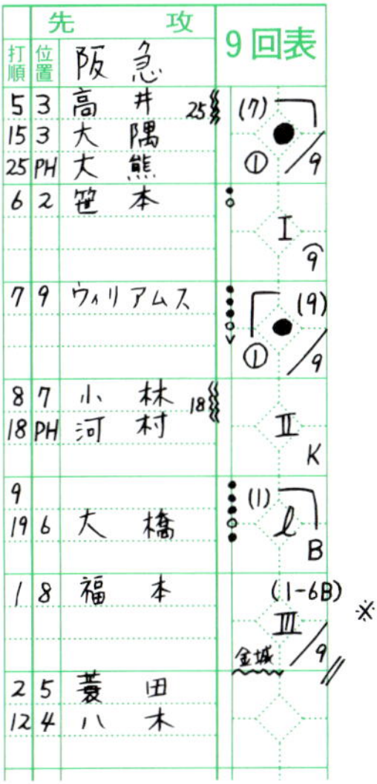

結局、打者に1球も投げずに金城にセーブが記録された。※で注釈を入れる。ちなみに、2人目の「0球セーブ」は81年6月4日、日本ハム戦で南海の三浦投手が記録している。

ひとくちメモ――マジックナンバーの出し方

［大リーグのように引き分け再試合で勝利+敗戦数が同じ場合］
（首位の残り試合＋1）－（首位と2位の敗差）または、（2位の残り試合＋1）－（首位と2位の勝差）

2走者が同時に本塁突入！　後続走者がセーフ

（1969年６月10日、中日対アトムズ、中日球場）

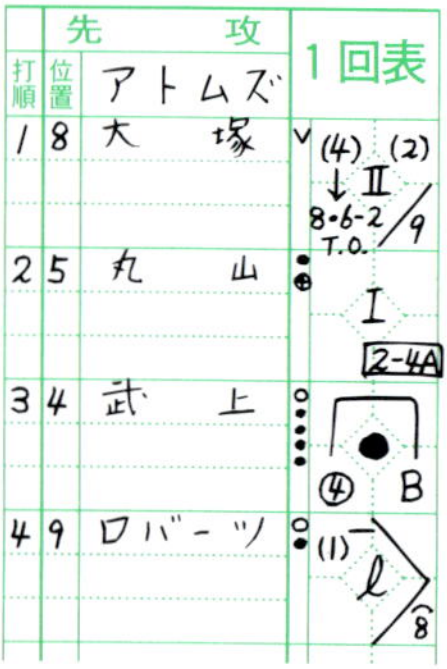

１死一、二塁からアトムズ（現ヤクルト）の４番ロバーツの打球は中堅への大飛球。ここで２人の走者の判断が違った。二塁走者大塚は捕球を懸念してハーフウェイで止まり、一塁走者武上は安打と見てスタートよく走り出した。結局、安打となり２人がほぼ同時に左右から本塁に突っ込むことに。返球を受けた捕手木俣の体は一つ。ほんの一瞬早く左側から来た大塚をタッチアウト（8・6－2 T.O.）したが、右側から来た武上にはタッチできず。先行走者がアウトで後続走者がセーフとなる珍しいプレーとなった。また、この間に二進したロバーツには二塁打が記録された。本来なら、二塁走者がアウトなのだから二塁打にはならないところだが、一塁走者が生還したための判断と思われる。

ひとくちメモ――ゲーム差の出し方

〔(首位チームの勝利数－Ａチームの勝利数）＋（Ａチームの敗戦数－首位チームの敗戦数)〕÷２

首位チームに他チームがどれだけ離されているかの目安となる。例えば、３ゲーム差というのは、首位チームが３敗、Ａチームが３勝すれば、並ぶことを意味する。チーム間の試合数が異なるとゲーム差がマイナスになることも。

押し出しでオーバーラン、タッチアウト

（1972年7月19日、広島対阪神、広島球場）

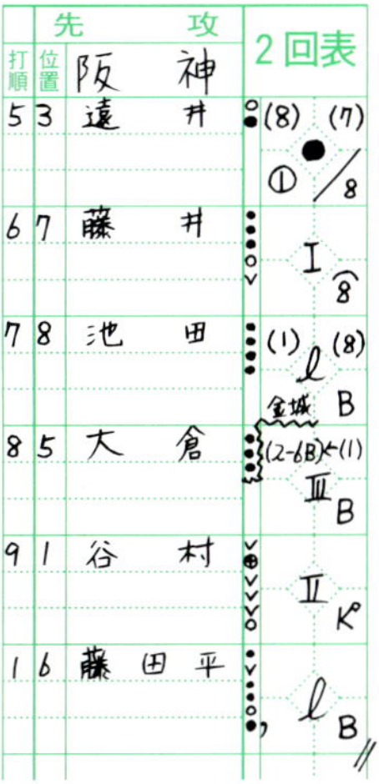

四球だからといって、（打者）走者が絶対にアウトにならないとは限らない。走者が塁を滑り越してしまえば、タッチアウトになる。それが、満塁押し出しの場面で起こった。2死満塁から1番藤田が四球を選び、三塁走者遠井が生還。その間、二塁走者の大倉はなぜか全力疾走で二塁を踏みオーバーランしてしまう。捕手水沼がすかさず遊撃手三村に送球してタッチアウト（2－6B）。普通に二塁に止まっていれば、なおも満塁のところ、「押し出しチェンジ」という珍プレーになった。

長嶋、ホームランが投ゴロに

（1958年9月19日、巨人対広島、後楽園球場）

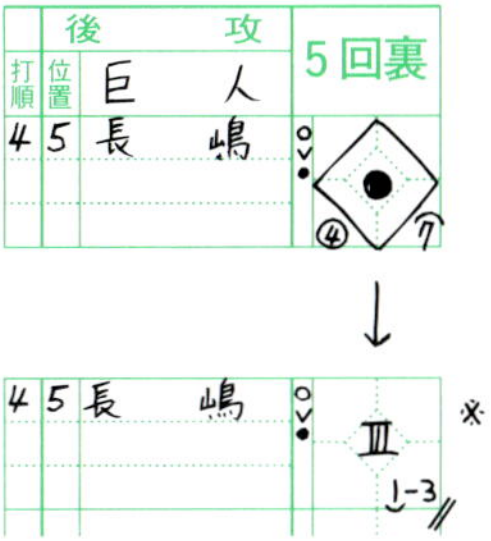

4三振デビューと共に語り草になっている「幻のホームラン」。左中間へ28号を放ち生還した長嶋は一塁ベースを踏み越していた。一塁手藤井のアピールによりアウト。球審からニューボールをもらった投手が一塁へ転送したため、記録は投ゴロ。

バントが3ラン？
（1982年9月15日、巨人対中日、後楽園球場）

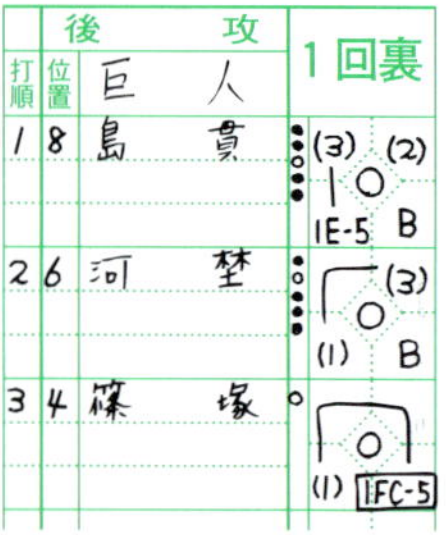

初回、無死一、二塁から、巨人の3番篠塚は投前への送りバント。これを中日の先発郭が間に合わない三塁へ悪送球してしまう。ボールがフェンス沿いを転がり外野に達する間に2走者だけでなく、一挙に篠塚も生還。記録上は、篠塚のバントが犠打野選で、三進した二塁走者島貫は郭の悪送球で生還、一塁走者河埜と篠塚は、そのプレー間のホームインということになる。

打撃妨害で出塁、守備妨害でアウト
（1937年9月24日、セネタース対巨人、甲子園球場）

打撃妨害も守備妨害もめったに見られないが、1打席で両方を経験したのがセネタースの苅田。捕手田代の打撃妨害で出塁した苅田は、3番尾茂田の一、二塁間への打球を足に当てる走塁ミスで、守備妨害アウトとなった（尾茂田には規則10.05により安打を記録）。捕手の打撃妨害はIF2、守備妨害はイリーガルプレーのIPに守備位置の4を記入する。

満塁・連続被本塁打で6失点も自責点0
（1989年8月16日、ダイエー対西武、平和台球場）

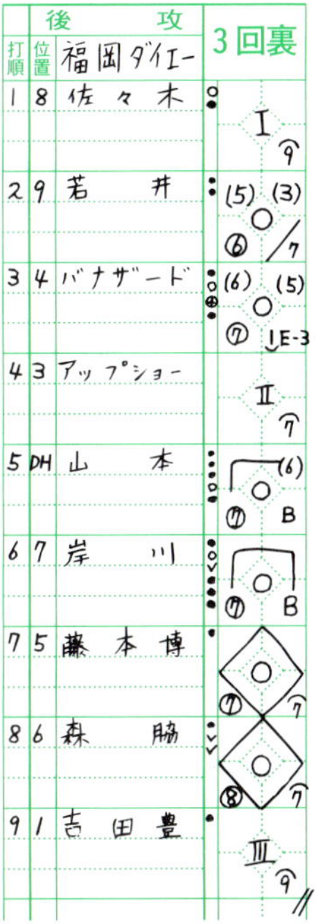

「3アウトの機会を逸したあと」の失点は、自責点にならない。PartⅡの自責点の項で触れているが、投手自身の失策も他の野手の失策と同じように「3アウトの機会」に数えられる。投手自ら失策すれば防御率は悪くならない、という矛盾が機能？した典型例。

西武の先発は渡辺久信が務めた。渡辺は、1死一塁から3番バナザードの投ゴロを一塁悪送球。4番アップショーを左飛に打ち取り、この時点で本来なら「3アウト」。ここから失点を重ねる。山本、岸川と連続四球で押し出しの1点を与え、7番藤本博に左越え満塁本塁打を浴びる。さらに、続く内田にも左へ本塁打された。満塁を含む2本塁打を打たれながら、自責点にならなかった。ちなみに、自責点にならなかった1イニングの最多失点は、50年林直（大洋）が広島戦で記録した10。2死後の三直失から2本塁打を含む8安打された。

1イニング6失策

（1938年6月19日、タイガース対金鯱、甲子園球場）

1イニングのチーム最多失策の日本記録。60年以上たっても破られることのない不名誉な記録は、初回、1番本堂の遊ゴロを遊撃手岡野が失策したことから始まった。

2番奈良の安打で二、三塁。3番藤井のときに投手鈴木が暴投し、三塁走者本堂が生還。藤井の右前打で奈良も還った。4番藤村の二ゴロを二塁手江口が失策し藤井が還り、5番松広の初球に藤村が二盗、今度は捕手岡田が二塁悪送球（2E－6）、藤村は三進、松広の中飛でホームイン（当時は犠飛つけず）した。

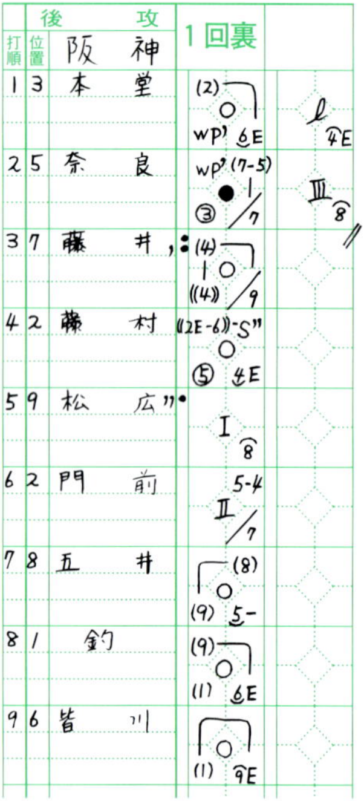

その後、2死一塁から、遊撃・岡野、右翼・小林、二塁・江口と3連続失策、計6失策で7点が入った。藤井のホームインと藤村の三進は、捕手の二塁悪送球で同時に進塁したもの。（　）を二重にして対応させる。

1イニング10与四球
（1978年7月6日、巨人対広島、札幌円山球場）

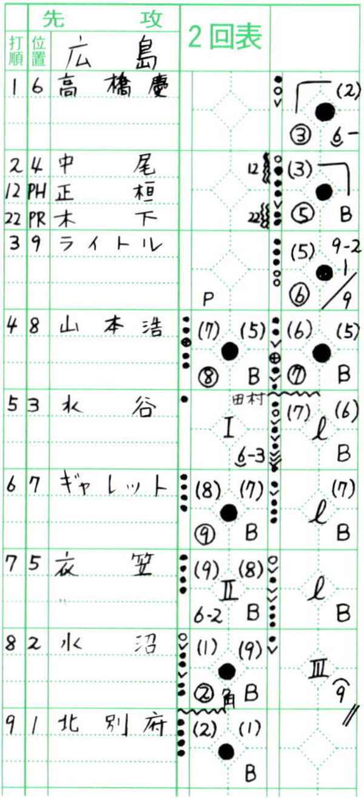

これも不名誉な1イニング最多与四球の日本記録。浅野、角、田村の巨人投手陣が大乱調で、1イニング10四球6押し出しの記録となった。

この回、先頭の4番山本が四球、5番水谷は遊ゴロで1死を取ったものの、続く6番ギャレット、7番衣笠、8番水沼と連続四球で押し出しの1点を献上した。

ここで浅野から角にスイッチしたが、投手の北別府に4者連続となる四球で2点目の押し出し。1番高橋を遊ゴロで三塁走者衣笠を本塁封殺したが、代打正垣に3つめの押し出し四球。3番ライトルに2点適時打を浴び、4番山本に四球を出すと、3人目の左腕田村に交代。

ところが、田村も水谷以下に3連続押し出し四球を与え、結局、1被安打、6押し出しで8失点という惨状となった。

1イニング6盗塁
(1950年3月11日、阪急対南海、西宮球場)

１イニング最多盗塁の日本記録を、南海（現福岡ダイエー）がマークした試合。先頭の２番木塚が３番笠原の初球に二盗、４番飯田の５球目に三盗を決める。飯田も四球で歩くと５番堀井の初球に二盗。堀井は遊ゴロ、遊撃からの本塁送球を捕手明石が失策し木塚がホームイン。１死一、三塁から、三塁走者飯田、一塁走者堀井が、６番長沢の初球にダブルスチールを敢行。さらに左前打で出塁した長沢も、次打者筒井の初球に二盗を決めた。戦後10年間で６度の優勝と一時代を築いた南海。阪急の捕手明石は、本職が二塁手の急造捕手ということもあったが、当時南海が、年平均218盗塁（46～56年）と抜群の機動力を誇っていたことを象徴するゲームとなった。

書き方の注意点は、走者の盗塁（S）と打者のボールカウントを❜で対応させるのを忘れずに。その際、６盗塁もあるからといって、❜も１～６までつける必要はない。１人が一度の出塁で盗塁できる数は最高でも３つ(二盗、三盗、本盗)だから、❜も３つまでで、いつ誰が盗塁したかは明確になる。スコアでは、堀井の二盗は飯田との重盗なので、❜を２つつけ対応させている。

5人連続本塁打
（1971年5月3日、ロッテ対東映、東京球場）

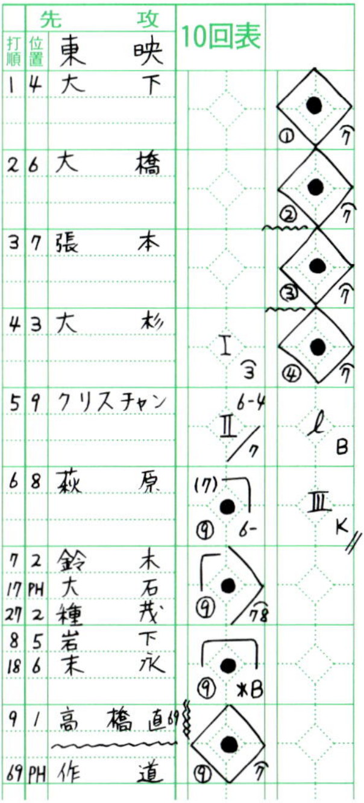

1イニング最多連続本塁打の日本記録。6対6の延長10回表、東映（現日本ハム）は2死一塁から、7番種茂が二塁打、8番末永が敬遠四球で満塁とする。ここで代打作道が左翼スタンドにたたき込み一挙4点を勝ち越すと、1番大下、2番大橋も同じく左翼へ本塁打。左打席に3番張本を迎えたところで、ロッテは佐藤元に代えて左の佐藤政をリリーフに送る。しかし、張本は2球目を左翼へ、続く4番大杉も4球目を左翼スタンドに運んだ。驚異の5連続本塁打はすべて左翼スタンドに吸い込まれた。このとき9連敗中の東映は、この試合も8回まで1対6という劣勢からの大逆転劇。1イニング5本は後にヤクルト（77年9月14日、対大洋）、西武（80年8月7日、対近鉄）が記録。西武は86年8月6日の近鉄戦で1イニング6本の新記録を作ったが、5連発はいまだにこの東映打線だけだ。

打順間違い、四球もアウト
(1950年3月29日、巨人対広島、静岡草薙球場)

打順間違いは相手側のアピールによる。原則的に相手側がすぐにアピールすればアウトとなりその打撃結果は無効となるが、次打者に1球でも投じられた後ではアピールは成立せず、誤った打者の打撃結果が正当化されプレーは続行される。このケースは、7番黒川の打席に9番山崎が誤って入ってしまい、結果は四球。直ちに巨人からアピールがあり、本来の打者黒川にアウトと打数1が記録された。IPと捕手に刺殺を記録するため2と記入。その後、9番山崎は正しい打順で右前打した。※で注釈を入れる。

カウント2－4から本塁打
(1987年10月18日、巨人対広島、後楽園球場)

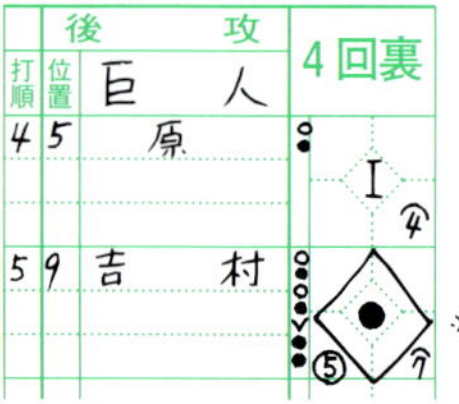

何の変哲もないスコアのようだが、5番吉村のボールカウントを見ると、2－3からの7球目はボールとなっている。当然、四球だが、山本球審も選手もベンチも気づかないまま、投手白武の投じた8球目を吉村は後楽園球場最後の本塁打を左翼へ。※で注釈を入れる。

福本、1日に2度、初回に内野フライで生還
(1976年6月20日、南海対阪急、大阪球場)

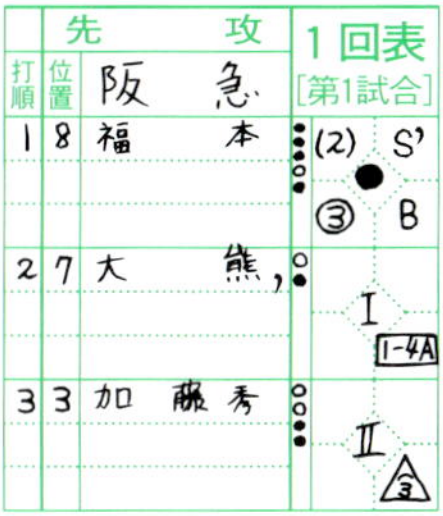

[第2試合]

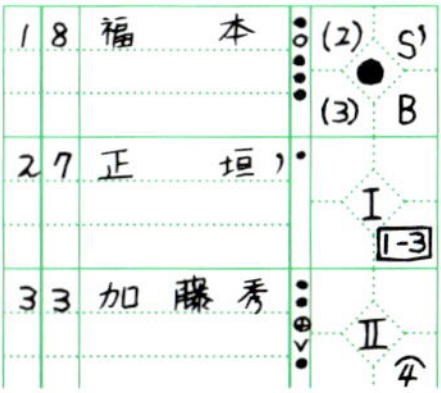

そっくりな2つのスコアは、上がダブルヘッダーの第1試合、下が第2試合のもので、いずれも1回表阪急（現オリックス）の攻撃。1番福本はすぐ二盗、2番打者の犠打で三進すると、3番加藤秀の内野フライで生還した。

第1試合の加藤の一飛は外野手の領域で守備したため犠飛となり、第2試合の二飛は犠飛になっていないだが、いずれも、内野フライでタッチアップしたわけだ。2試合続けて安打なしで得点できるのは、通算1065盗塁とメジャー記録に匹敵する福本の抜群の脚力の証明と言える。

代走出場、二巡目で満塁本塁打
(1977年6月13日、大洋対巨人、川崎球場)

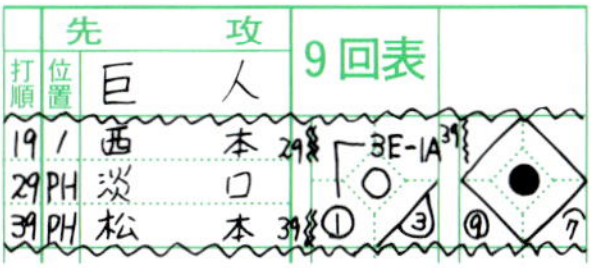

9回表1死、淡口の代走に出た松本は、打者一巡した2死満塁の打席で左に本塁打。以前は、代打、代走で出た回に二巡目で本塁打した場合、代打本塁打と記録されていたが、この松本からはなぜか代打扱いされなくなった。

9番に14人
（1979年6月17日、大洋対中日、横浜スタジアム）

9番に14人も入った発端は、大洋（現横浜）の先発高橋が中日大島に3ランを浴びるなど2/3回でKOされたこと。選手交代を順を追って記すと次のようになる——。

1回表／投手大川、2回裏／代打飯田・投手小谷、3回表／投手野村、4回裏／代打清水・投手鈴木、5回表／投手田中・投手宮本、5回裏／代打中塚・代走三浦正、6回表／投手佐藤、7回裏／投手小松辰・遊撃梅田・代打高木・代走若林、8回表／投手竹内、9回表／左翼屋鋪、9回裏／左翼谷本・代走米田・代打江尻——。ここまで来ると、選手名を間違いなく記入するのに苦労する。正規の打順枠内に書ききれない場合は、他の打順の空欄を利用するしかないが、大事なことは「打順番号」をきちんと書いておくこと。例えば、1番の空欄に書いた投手宮本は69、代打中塚は79というように。また、試合中は、どこの打順に交代選手が出るかわからない。1番の空欄を埋めてしまった後、1番打者に代打が出る可能性もある。そこで、別紙にひとまず書き留め、終了後、整理する方法がおすすめ。その際も打順番号をチェックしておけば、後で戸惑うことはない。

	後攻	
打順	位置	大洋
1	8	長崎
69	1	宮本
79	PH	中塚
2	4	ミヤーン
89	PR	三浦正
99	1	佐藤
3	5	基
109	PH	高木
119	PR	若林
4	9	マーチン
129	1	竹内
139	PH	江尻
5	7	田代
15	7	屋鋪
6	3	松原
7	6	山下
8	2	福島
18	PR	米田
9	1	高橋
19	1	大川
29	PH	飯田
39	1	野村
49	PH	清水
59	1	田中

9回裏2死満塁、振り逃げから逆転サヨナラ

（1981年6月23日、阪神対広島、甲子園球場）

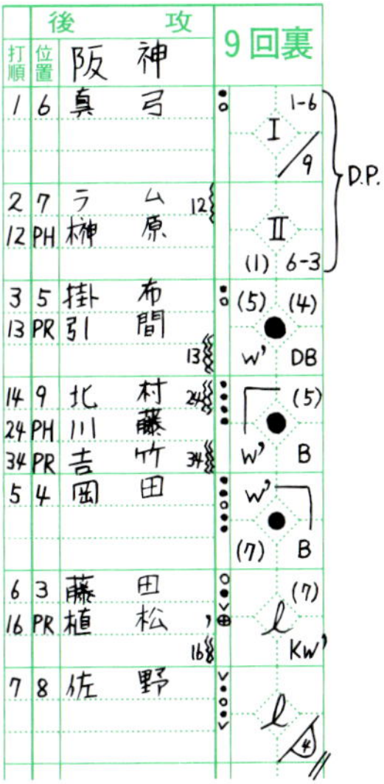

「野球は2アウトから」とは、勝負はゲタを履くまでわからないことを端的に言い表したもの。守備側は油断は禁物、攻撃側は最後まであきらめないための自戒の言葉だが、それが最終回2死からの逆転劇となると、この“格言”が、さらに実感を伴って迫ってくる。

2点を追う阪神は9回裏、先頭の1番真弓が右前打で出塁するも、代打榊原が投ゴロ併殺打。「あと1人」となったところで、広島の投手大野が突如の乱調。3番掛布、代打川藤、5番岡田と3連続四死球で2死満塁としてしまう。6番藤田はカウント2－1から空振り三振、と思われた瞬間、暴投となりボールはバックネットへ。藤田は振り逃げで一塁に生き、三塁走者引間、二塁走者吉竹（いずれも代走）が生還し同点。一塁走者岡田も三進した。暴投のボールカウントと走者の進塁をアポストロフィで対応させる。続く佐野の打球は二塁内野安打となり、岡田が逆転のホームイン。10対9でサヨナラ勝ちした。

スコアには、「野球は筋書きのないドラマ」であることが、如実に記されている。

Special Seminar 3

「プロ野球公式記録員の仕事」

試合前、審判に続いてアナウンスされる公式記録員。試合の記録だけでなく、ヒットやエラーなどの判定という重要な任務がある。彼らの仕事を紹介しよう。

●“空中イレギュラー”にも対抗

記録員は審判員と同じく各連盟に所属している。現在、パ・リーグ13人、セ・リーグ11人。それぞれが、一、二軍（パはウエスタン、セはイースタン）合わせ年間約100～120試合を担当する。最初の数年、二軍で経験を積み一軍を担当するが、一軍を担当するようになってからも、二軍をかけ持つ。ここが二軍から一軍に定着する審判員とは異なるところだ。

一軍の試合には２人の記録員がいる。メインの記録員はヒットやエラーのジャッジをしながら、手書きで公式スコアを記入する。記録員席には、ＥとＨのボタンがある。神経を使うのは瞬時にこのボタンを押すときだ。

本書の監修者である宇佐美氏が、かつてパ・リーグの公式集計員だった時の話――“安打製造機”こと張本勲選手が東映時代のある試合で二塁へ痛烈なライナーを放った。二塁手は一歩も動かず、頭の上で打球を弾き、外野へ抜けた。判定はエラーにした。打球は真正面で、二塁手は一歩も動いていなかったからだ。試合後、球場のトイレで用を足しているところに、当時の水原茂監督と張本選手がやってきて抗議を始めた。「あれはヒットだろう。我々も生活がかかってるんだ」と。宇佐美氏が理由を説明すると張本選手はこう言った。「あれはボールがはねている。空中イレギュラーだ」――。

選手から直接というのは珍しいが、今でも、こうした判定に対する抗議は多い。

もう１人、サブの記録員は、試合情報を逐一パソコン入力する。そのデータは、ＩＢＭ・ＢＩＳ（ベースボール・インフォメーション・システム）のコンピュータに入力、ダイレクトに各マスコミ等に送られている。10年ちょっと前までは、記録員が半イニングごとにファクス送信し連盟本部で改めてＰＣ入力していたが、今ではリアルタイムで情報提供されるようになった。インターネットで見ることもできる。

●できるだけ“単純なスコア”で終わってほしい

月に２～３週間は遠征で自宅を空けることになる。試合中はトイレにも行けない。完璧にこなして当たり前の仕事。そんな裏方の記録員の存在が認識されるのは、例えば、完全試合やノーヒット・ノーランがかかってるとき……。「打つならホームラン打ってくれという心境です。嫌らしい当たりはやめてくれ、と。当然、自信をもってジャッジしていても、後で振り返ると、どうだったかなというのもあります。見解の相違や、選手の能力の違いもあるので。ですから、単純な何事もない試合を望んでいるけど、野球はそういうものじゃないですからね」。そう笑うのは、10年のキャリアを持つパ・リーグの藤原宏之記録員。緊張の連続、その中でもリラックスして客観性を保たねばならない。

それでも記録員になりたい、というあなた。残念ながら日常的に公募はしていない。欠員補充の際の条件としては、野球が好きで、１人で球場に行きスコアをつけるという経験が豊富な人が望まれるのは言うまでもない。

（取材・文／高川武将）

〔審判のジャッジコール〕

●球審

ファウルチップ

ハーフスイング

フェアボール

アウト

セーフ

●塁審

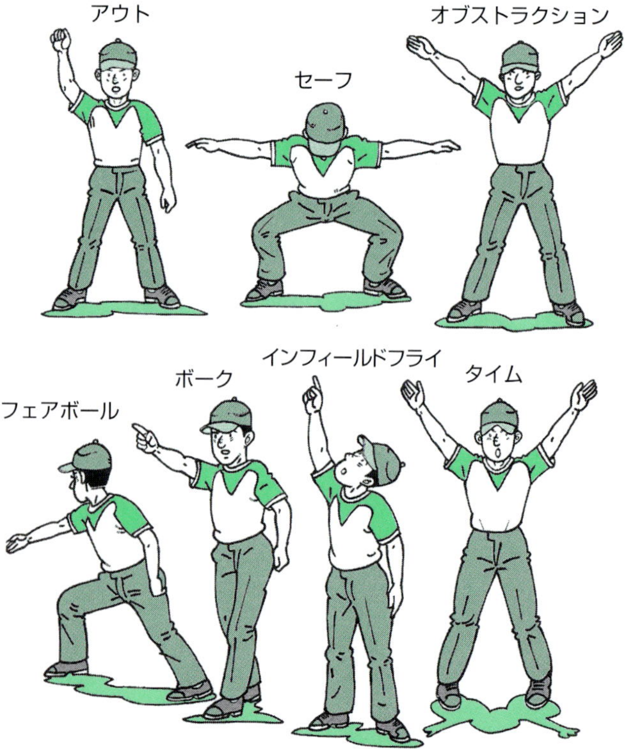
アウト
セーフ
オブストラクション
フェアボール
ボーク
インフィールドフライ
タイム

●線審

フェアボール

フェアボール（捕球のとき）

ホームラン

アウト

ファウルボール

〔いろいろな記録の計算法〕

●勝率＝勝ち数÷（勝ち数＋負け数）

小数点以下４位を四捨五入する。引き分けは入らない。

●規定打席数＝チームの試合数×3.1

小数点以下は切り捨てる。

●規定投球回数＝チームの試合数

１／３でも足りなければ、規定に満たない。

●打率＝安打÷打数

小数点以下４位を四捨五入する。厘以下は、毛（もう）、糸（し）と続く。

●長打率＝塁打÷打数

小数点以下４位を四捨五入する。必ずしも、長距離打者の数字が高くなるわけではない。アメリカではスラッギング・アベレージ（Slugging Average）といい、直訳すると「強打率」で最強打者（打率も高い長距離打者）の証。

●本塁打率＝打数÷本塁打

小数点以下３位を四捨五入する。

●出塁率＝（安打＋四死球）÷（打数＋四死球＋犠飛）

小数点以下４位を四捨五入する。出塁数は安打＋四死球＋打撃妨害＋走塁妨害。失策や先行走者の封殺による出塁などは含まない。

●得点圏打率

＝走者二塁以上の得点圏での安打÷走者得点圏の打数

小数点以下４位を四捨五入する。

●盗塁成功率＝〔盗塁÷（盗塁＋盗塁刺）〕×100

小数点以下２位を四捨五入し、％で表す。

●防御率＝（自責点×９）÷投球回数

投球回数に１／３、２／３の端数がある場合は、

＝〔(自責点×９）×３〕÷（投球回数×３）

小数点以下３位を四捨五入する。９回を投げ自責点がいくつかを表したもの。失点に関係なく自責点だけが対象。

●奪三振率＝（奪三振×９）÷投球回数

投球回数に１／３、２／３の端数がある場合は、

＝〔(奪三振×９）×３〕÷（投球回数×３）

小数点以下３位を四捨五入する。

●セーブポイント＝セーブ数＋救援勝利数

この数の多い投手を最優秀救援投手として表彰している。

●守備率＝（刺殺＋補殺）÷（刺殺＋補殺＋失策）

小数点以下４位を四捨五入する。

●盗塁阻止率＝〔盗塁刺÷（許盗塁＋盗塁刺)〕×100

小数点以下２位を四捨五入し、％で表す。

盗塁刺は守備側から見た場合、盗塁を企てた走者を捕手がアウトにしたもの。対して盗塁死は攻撃側から見た場合の盗塁失敗。40％を越すと強肩。

図解コーチ 野球スコアと記録のつけ方

監　修　宇《う》佐《さ》美《み》　徹《てつ》　也《や》
発行者　深　見　悦　司
印刷所　大盛印刷株式会社

発行所
成美堂出版
〒112-8533 東京都文京区水道1-8-2
電話(03)3814-4351 振替 00170-3-4466

ISBN4-415-01417-8